如何做综述性研究

SYNTHESIZING RESEARCH:
A GUIDE FOR LITERATURE REVIEWS

哈里斯·库珀（Harris Cooper） 著

刘 洋 译

重庆大学出版社

Authorized translation from the English language edition, entitled *Synthesizing Research : a guide for literature reviews*, by Harris M. Cooper, published by Sage Publications, Inc., Copyright © 1998 by Sage Publications, Inc.

All rights reserved. No part of this book may be reproduced or utilized in any form or by any means, electronic or mechanical, including photocopying, recording, or by any information storage and retrieval system, without permission in writing from the publisher. CHINESE SIMPLIFIED language edition published by CHONGQING UNIVERSITY PRESS, Copyright © 2008 by Chongqing University Press.

如何做综述性研究,作者:哈里斯·库珀。原书英文版由 Sage 出版公司出版。原书版权属 Sage 出版公司。

本书简体中文版专有出版权由 Sage 出版公司授予重庆大学出版社,未经出版者书面许可,不得以任何形式复制。

版贸核渝字(2006)第 102 号。

图书在版编目(CIP)数据

如何做综述性研究/(美)库珀(Cooper, H.)著;
刘洋译.——重庆:重庆大学出版社,2010.9(2022.12 重印)
(万卷方法)
书名原文:Synthesizing Research:A Guide for
Literature Reviews
ISBN 978-7-5624-5375-8

Ⅰ.①如… Ⅱ.①库…②刘… Ⅲ.①社会科学—研
究方法 Ⅳ.①C3

中国版本图书馆 CIP 数据核字(2010)第 074098 号

如何做综述性研究
哈里斯·库珀 著
刘 洋 译

责任编辑:雷少波　　 版式设计:雷少波
责任校对:谢 芳　　 责任印制:张 策

＊

重庆大学出版社出版发行
出版人:饶帮华
社址:重庆市沙坪坝区大学城西路 21 号
邮编:401331
电话:(023)88617190　88617185(中小学)
传真:(023)88617186　88617166
网址:http://www.cqup.com.cn
邮箱:fxk@cqup.com.cn(营销中心)
全国新华书店经销
重庆华林天美印务有限公司印刷

＊

开本:940mm×1360mm　1/32　印张:6.5　字数:182 千
2010 年 9 月第 1 版　　2022 年 12 月第 7 次印刷
ISBN 978-7-5624-5375-8　定价:38.00 元

作者简介

　　哈里斯·库珀，哈佛大学博士后，现为密苏里大学（哥伦比亚分校）心理学教授和社会心理学项目带头人。曾从教于科尔盖特大学（Colgate University），是俄勒冈大学客座教授，斯坦福大学和拉塞尔·塞奇基金会的访问学者。美国心理协会和美国心理学会成员。同时兼任7个心理学教育杂志的顾问编辑。也是美国心理学会雷蒙德B·卡特尔职业项目研究奖的首位获得者，并荣获美国心理学会（AERA）的解释学奖学金（Interpretive Scholarship Award）。

译者前言

当今社会,随着新的科学技术、研究方法和分析工具的不断发展,有关数据分析和统计技术相结合的研究理论有了较大发展,其运用也日益普遍。许多新的分析技术已经应用到科学研究的各个领域中。然而研究方法问题在我国还相对落后,仍极少有好的作品能够有效地指导人们做综述研究,即如何发现、评估及综合以往的研究。

1988年,著名心理学家,美国密苏里大学(哥伦比亚分校)的哈里斯·库珀教授出版了《如何做综述性研究》一书。该书建立在对已有的方法指南不断丰富和完善的基础上,主要介绍了如何在社会学、心理学、统计学和医学等领域做综述研究。这本书自出版以来,受到了社会科学界同行的好评,为研究者做好综述研究工作提供了较科学、系统的指导。

库珀教授认为,综述的类型主要包括文献综述(literature review)、研究述评(research review)、综合性研究述评(integrative research review)、研究综述(research synthesis)以及元分析(meta-analysis)等。同其他词语相比,这些术语有的内涵宽泛一些,有的狭窄一些,但它们中的一些在实际中是可以交互使用的。在本书中,他主要强调的综述类型是"研究综述"。这是因为"研究综述"在社会科学中是文献综述的最普遍形式,它除了自己独有的特点外,还涵盖了在其他综述中显现的所有特征。同时,他之所以选择使用"研究综述"这个标题,是因为这个标题在《研究综述手册》(*The Handbook of Research Synthesis*)(Cooper & Hedges,1994)一书中也曾用过。

研究综述是我们做研究的基础。它分析和描述了前人在某一研究领域已经做了哪些工作,研究进展到何种程度,它要求综述者对国内外相关研究的动态、前沿性问题做出较详细的综述,并提供参考文献。一篇好的研究综述能够反映当前某一领域中某分支学科或重要专题的最新进展、学术见解和建议,不仅为科研工作者完成科研工作的前期劳动节省了用于查阅分析文献的宝贵时间,而且还有助于科研人员借鉴他人成果、把握主攻方向以及领导者进行科学决策。正如库珀教授指出的:"研究者对以往研究中感兴趣的主题领域所做的分析,是每一项科学研究的起点。没有这一步,研究者就不可能综合、全面地了解这个世界。他们也不可能在前人努力的基础上取得成就。"(参见本书序言)

库珀教授将本书分为七个部分,详细介绍了有关研究综述的内容和写作方法。他首先说明了本书写作的目的,介绍了有关的概念、定义及综述的范围,扼要说明了有关研究主题的现状和争论焦点,使读者对全文叙述的核心问题有了一个初步了解。其次,在本书的主体部分,他从"问题怎样形成"入手,介绍了在研究综述过程中,怎样搜索文献、评估和分析数据及解释和展示研究结果。通过对这些问题的回顾和展望,能使读者对研究综述的过程更加明晰。最后,他对全文的主题进行了总结,说明了严格、系统的研究综述是研究者从事社会科学研究至关重要的一步。

经过库珀教授的修订,研究综述的方法在科学性、规范性和实用性等方面得到了进一步提升。作为一本研究综述方法指南,正如库珀教授所言:"开始创作本书时,我旨在认为做研究综述是一个有益的资料搜集训练过程,同时,这一过程需要依靠科学标准来衡量。因为随着实证研究的发展和可获取信息量的不断增多,如果我们无法使这一研究过程更加系统化和标准化,那么研究综述的结论将变得令人难以置信。对于需要更多严密研究综述的社会科学家来说,我希望书中介绍的概念和方法已经被读者们所接受,并认为是切实可行的、值得信赖的。在关注讨论某些特定领域和测试领域存在的争议时,这些方法能够使学者们对这些争论和异议达成共识。随着研究综述在各学科知识中角色的不断提升,如果社会科学家希望他们的研究主张能够保持客观、可信,那么对研究方法做些适当调整是不可避免的。同时,这也将帮助社会科学家更好地解决当今社会存在的问题,并增强他们对这个社会的理解。"(参见本书第186页)我国著名社会学家风笑天教授也指出:

"学习和掌握社会学研究方法,将有助于我们理解社会学及相关社会科学的基本内容,也有助于我们理解社会学家以及社会科学家在探索社会世界的奥秘、回答各种有关人类社会、人类社会行为以及各种社会现象和社会问题时所做的一切。"(风笑天:《社会学研究方法》(第二版),中国人民大学出版社,2005,第一版序,第4页)

对于一项研究而言,通过写作研究综述,有利于提高研究者的归纳、分析、综合能力以及独立工作能力和科研能力。学习研究综述的写作方法、技巧,能够为他们开展更多有效和高效率的研究提供有益帮助。本书可以说是库珀教授对20年前所形成的方法体系的创新。它以一种客观、系统、科学的研究方法代替了主观、简单叙述性的研究方法。通过阅读本书,读者们将学会如何进行一种符合科学规律和准则的综合性研究。同时,库珀教授也提醒广大读者:"当今社会,科学技术得到飞速发展,不论是在自然科学领域还是人文社会科学领域,我们每时每刻都面临着新的问题。由于分析方法和工具的不断完善和发展,每一个学习者都应该注意,本书里所介绍的各种原理、方法、程序、步骤、技术并不是一成不变的,也要随着实际问题、客观情况和具体条件的不同而做出相应调整。这种改变既是正常的,也是必须的。"

刘 洋
2010 年 2 月于北京

第3版序言

　　研究者对以往研究中感兴趣的主题领域所做的分析,是每一项科学研究的起点。没有这一步,研究者就不可能综合、全面地了解这个世界,他们也不可能在前人努力的基础上取得成就。在科学研究中,孤立的研究者注定要重复前辈们所犯的错误。

　　至今,仍极少有指南能够有效地指导人们怎样做综述性研究——如何发现、评估及综合以前的研究。这本书将填补此项空白。它可以帮助那些掌握了基本研究方法和具有统计知识背景的社会科学家、行为科学家和医学科学家更好地从事研究。

　　本书介绍的有关研究综述的方法是对20年前形成的方法体系的综合和创新。这本书以一种客观、系统的研究方法代替了主观、简单叙述性的研究方法。通过阅读本书,读者将学会如何通过符合科学原理和准则的方法对研究进行综合。本书所要达到的目的是形成这样一种研究综述:它可以被其他人重复使用,能够得到学者们一致认可,并在一个具有建设性的模式中聚焦争议。最重要的是,在完成研究综述时,这种方法的使用者会感到他们的研究中包含的知识比较丰富,并相信他们将要进行的原始研究会对该领域有所贡献。

　　研究综述的科学方法已迅速得到广大研究者的认可。在这三个版本之间,本书介绍的研究方法从存有争议到逐渐被大家所接受。事实上,在当今众多领域,这种研究方法是必须的。近年来,综述研究技术也取得了进步,尤其是围绕着文献检索技术的变化、发展特别引人注目。元分析的理论基础——研究的统计合并,已得到了较快发展,并且此种方法的运用已经越来越普遍。在描述研究结果时,许多新技术目前已经得以应用。方法论学者已经提出了一些方法,这些方法使综述更能经受得住来自各方面的批评。这些变化在第 3 版中均得以体现。

一些机构和个人对本书三个版本的写作工作都给予了鼎力支持。首先,在本书的第 1 版和第 3 版手稿的准备过程中,美国联邦教育部提供了研究支持。在此,我要对我以前带过的七位研究生致以特别的感谢:凯西·安德森(Kathryn Anderson)、布兰德·布什曼(Brad Bushman)、莫林·范得里(Maureen Findley)、肯·奥特柏切(Ken Ottenbacher)、帕梅拉·黑兹尔里格(Pamela Hazelrigg)、大卫·汤姆(David Tom)和朱莉·于(Julie Yu)。在我的指导下,他们每人在各自感兴趣的领域都完成了一项研究综述。他们已完成的研究工作都成为书中的案例,其中有三项研究成果被应用到当前版本以阐释一些抽象的观点。我还要感谢三位图书馆咨询员,吉恩迈尔·弗莱瑟(Jeanmarie Fraser)、凯思琳·考娜斯(Kathleen Connors)和朱蒂·帕拉迪(Judy Pallard),在文献搜索过程中,他们提供了帮助。拉里·赫奇斯(Larry Hedges)检查了本书所列举的统计方法。还有三位研究生,辛迪·克纳汉(Cyndi Kernahan)、劳拉·穆克伦布拉克(Laura Muhlenbruck)和杰夫·瓦伦丁(Jeff Valentine),他们阅读了本书并进行了有效反馈。凯茜·卢伯琳(Cathy Luebbering)和帕特·强克斯(Pat Shanks)对本书进行了录入和再录入,并校对了本书的手稿。衷心感谢这些朋友和同事们。

哈里斯·库珀(Harris Cooper)

目录

第1章 导 言

　　第 1 章界定了术语"研究综述（research synthesis）"的定义，说明了关注"研究综述"的必要性，描述了研究综述所要经历的五个阶段，同时介绍了后面章节中将讨论的四个研究综述案例。

人们获取知识需要相互之间的协助和支持。在科学研究上花费大量的时间,最终也可能只会解决无穷困惑中的毫厘之末。任何单独研究的价值,都与以前所做的工作和研究的固有特征紧密相关。在众多研究中,一些研究之所以受到了比其他研究更多的关注,是因为它们解决(或提出)的问题非常重要,而并非这些研究本身就是解决问题的办法。

关注研究综述①的必要性

考虑到科学知识积淀的特性,以往大量真实可信的研究是构建有序知识体系的必要条件。然而,直到最近,对于研究者应该怎样发现、评估及综合已有的研究,社会科学方法论学家很少关注。随着社会科学研究中研究数量的激增,研究者所需要的严格、适当的综述方法的缺失就愈加明显。随着研究数量不断增长,就越需要大量真实可信的研究综述。

当今,研究者获得社会科学信息的能力也发生了巨大变化。特别是由于电子计算机和在线网络搜索文献技术的应用,极大方便了人们对以往研究的检索。如果科学家们知道如何使用这项技术,那么,利用电子计算机迅速浏览研究摘要的方法,就会大大提高他们获得信息的能力。

最后,随着社会科学内部日益增长的专业化水平的逐步提高,研究者对已有的、大量真实可信的研究综述的需求也日渐增多。目前,除了在社会科学家们特别感兴趣的若干个主题领域之外,由于受时间的限制,众多科学家不可能时刻把握原始研究的最新发展动态。三十年前,针对心理学研究领域的这种状况,加维和格里菲思(Garvey & Griffith,1971)写道:

> 个别科学家正在超负荷地接收科学信息。"信息危

---

①译者注:"research synthesis"一词,从广义上可译为"研究综述"或"综述性研究",二者都可用于说明我们在做社会科学研究时所应具有的一个研究阶段,主要是为了对前人所做的研究进行总结、回顾。在本书中,二者可交互使用,既指一种研究过程,又指一种研究状态,并无细分。

机"的警报已经响起，因为在信息量倍增的某一时期，个别心理学家不堪重负，这就导致了他们不能紧跟信息时代的发展，吸收所有与其科研领域相关的最新信息。（p. 350）

三十年前的状况仍是今日之现实。

本书的目的和前提

本书的目的主要是介绍在社会科学、行为科学、医学领域做研究综述的方法。为了形成全面的综合性研究综述，本书将运用"声音数据（sound data）"的基本原则，指导研究者如何综合与某一主题相关的以往的研究。无论研究者做的是原始研究（primary study），还是研究综述（research synthesis），都必须遵守严格、系统的研究原则。不管怎样，这两种类型的研究，为了达到研究目的，都需要使用精确的技术。

本书描述的多种方法之中蕴含着一个重要前提：即把各个单独的研究项目综合成一个连贯的整体，这涉及知识效度的推论问题，也涉及如何从原始数据分析中推导出结论。当然，从研究综述中不能想当然地推断出结论的效度，它必须依据科学标准进行评估。一位做研究综述的社会科学家会做多种决策，每一种决策都可能会影响他（或她）的研究结果。因此，要使研究综述中的大量社会科学信息真实、可信，综述者就必须把严格的方法标准应用于其研究过程中。

在原始研究中，人们非常关注效度问题（Bracht & Glass，1968；Campbell，1969；Campbell & Stanley，1963；Cook & Campbell，1979）。然而，至今，在评估综述结果的效度时，社会科学中则缺少一种系统指南来指导概念化的综合研究过程。本书描述了近年来刚刚出现的一些系统性研究方法。

文献综述的定义

本书描述的综述类型,可以用很多意思相近的术语来表示。这些术语包括文献综述(literature review)、研究述评(research review)、综合性研究述评(integrative research review)、研究综述(research synthesis)以及元分析(meta-analysis)。虽然,同其他的术语相比,这些术语有的内涵宽泛一些,有的内涵狭窄一些,但它们中的一些在实际中是可以交互使用的。

外延最宽泛的术语是文献综述。文献综述一般是以较为详细的独立研究工作,或是以新的对原始数据研究报告简介的形式出现。当文献综述作为独立的新数据出现时,它有许多不同的焦点、目标、视角、写作策略、组织结构和阅读者(Cooper,1988)。例如,文献综述可以聚焦于研究结果、研究方法、理论和应用程序等。它可以试着结合别人做的事或说的话,点评以前学者的研究,构建相关主题领域的联系,辨析一个或者所有领域的中心问题。

一般情况下,介绍一个新的原始研究的文献综述范围是十分狭窄的。它被限制在一些与新研究所阐述的特定议题相关的理论研究或实证研究中。

科学文献中最常出现的是合并两个特殊焦点和目标的文献综述。第一种类型的文献综述被称为研究综述、综合性研究述评,或研究述评。研究综述主要关注实证研究,通过从已有的独立研究中,推导出用来描述相关或相同假设的整体结论,寻求总结以往的研究成果。研究综述者期望能描绘出相关领域知识的全貌,并强调以往研究中遗漏的或尚未解决的重要问题。从读者的视角看,研究综述的目的在于"弥补以前研究中遗漏的部分"(Price,1965,p. 513)并且用于指导以后的研究,所以它包含了最大量的新信息。

第二种类型的文献综述是理论综述(theoretical review)。这里,综述者要用给定的理论解释一种特定的现象,并比较它们外延、内在一致性及预测实质。这种理论综述一般包括以下几点：对已经实施或提出的关键性试验（critical experiment）的描述，评估哪种理论与已知的关系联系最紧密，有时还包括对不同的理论、摘要、观点进行综合、总结和创新。

大多数情况下，一篇综合性的文献综述会表达若干个问题。研究综述最常见，然而，理论综述通常包含了一些研究综述。研究综述一般不描述多重、相关假设。一篇综述可能会分析、研究几个不同的自变量、预测变量和一个独立的因变量、标准变量之间的关系。例如，布朗（Brown，1996）总结了几种工作投入的研究，他认为影响人们工作投入的因素主要包括：人格变量、职业特征、监督变量及角色认知。同时，一篇综述会试着总结一系列与假设相关的研究。哈里斯和罗森塔尔（Harris & Rosenthal，1985）首次研究总结了"期望"如何影响了期望持有人的行为，这种行为又如何影响目标的行为，进而，他们研究了人际期望效应的调节作用。

本书主要强调的是"研究综述"。不仅因为研究综述在社会科学中代表了文献综述的最普遍形式，而且除了自己独有的特征外，它还包括出现在其他综述中的所有特征。同时，在所有这些综述类型中，我选择使用了"研究综述"这个标题，是因为它在《研究综述手册》（*The Handbook of Research Synthesis*）（Cooper & Hedges，1994）一书中也曾使用过。那本书中描述的方法与本书描述的方法相一致，但却运用的是更高级的描述方式。元分析这一术语，常常是研究综述或研究述评的同义词。在本书中，综述者常常用这一术语来描述使用统计合并研究结果的定量分析方法（本书将在第 5 章描述这些方法）。

研究综述的阶段

社会科学方法论教科书把研究综述看作是一组序列式的活动。虽然方法论学家们对研究阶段的界定多少存在着一些争议，但在具有重要特征的阶段划分上，还是能达成共识的。方法论学家们也认为这些序列式的阶段并不是固定不变的：处于实际研究工作中的研究者，可能经常会跨越或省略一个或多个阶段(Judd,Smith,& Kidder,1991)。

在本书中,研究综述的过程可以概括为五个阶段:①问题形成;②数据搜集或文献检索;③数据评估,即评估研究的质量;④分析和解释;⑤表述研究结果。研究综述的每个阶段都承载着一项与原始研究相似的功能。例如,在原始研究和研究综述中,"问题形成阶段"包括界定我们感兴趣的变量,"分析解释阶段"涉及决定哪种结果是显著的。综述者就像原始数据的收集者,就怎样实施研究,他们会做出不同的选择。方法论的不同也会导致结论的不同。尤其是,在研究综述的各个阶段,选择使用不同的方法论可能会增强或削弱结论的可信性,或者,用更科学的术语解释,就是会产生"效度威胁"("效度"的定义将在第4章介绍)。

在表1.1中,总结了综述过程中每一阶段的功能、差异来源、对效度的潜在威胁问题。在接下来的几章中,我将会逐一地详细分析。

问题形成阶段。形成(或提出)问题,是任何研究工作的开端。在问题形成过程中,既给出了包含在研究中变量的抽象定义,又给出了具体定义。在此阶段,研究者会问:"我要研究的概念是什么","表达这些概念的操作是什么"。研究者必须判定如何将相关的材料与不相关的材料区别开来。

在第2章中,我将分析综述者在"问题形成阶段"遇到的问题。这些讨论主要回答的是下列问题:

1. 是什么因素影响综述者对特定研究的概念相关性的判断?
2. 综述者如何处理涉及两个或多个自变量相互作用的假设?
3. 在问题形成阶段,已有的研究起什么样的作用?

在一个已判断的与问题领域相关的实证研究中,综述者应该搜集哪些信息,第2章将会提出一些具体建议。

文献检索阶段。数据搜集阶段主要是对作为研究对象的

表 1.1 研究综述概念化为一项研究课题

阶段特征	研究阶段				
	问题形成	数据搜集	数据评估	分析解释	公开发表
提出研究问题	综述中应包括什么证据?	发现相关研究应使用什么程序?	综述中应该包括检索到的什么证据?	应该使用什么程序使对文献的推论作为一个整体?	综述报告中应包含什么信息?
综述的主要功能	形成区分相关研究与不相关研究的定义	决定使用哪种潜在相关的研究进行分析	使用标准将"有效"研究与"无效"研究区分开来	综合有效的检索到的研究	使用编辑标准将重要信息与不重要信息区别开来
综述结论中产生变异的程序性差异	1. 包含在操作定义里的差异 2. 操作细节里的差异	包含在信息来源的差异	1. 质量标准的差异 2. 非质量标准的差异	推论规则的差异	在编辑判断指南里的差异
综述结论中的潜在无效性来源	1. 狭义概念可能使综述结论不明确、不稳固 2. 肤浅的操作细节可能会掩盖交互变量	1. 获得的研究与研究的目标群体有质的区别 2. 在获得的研究里的抽样人群可能不同于目标群体	1. 非质量因素可能会导致对研究信息的不合适衡量 2. 研究报告里的遗漏可能使结论不可信	1. 与噪音相区别的样式规则可能不合适 2. 建立在综述基础上的证据可能用来推论因果关系	1. 综述程序的遗漏可能使结论不能复制 2. 综述结果和研究程序的遗漏可能使结论过时

"群体要素"作出选择。在原始研究中,研究目标一般包括个体或群体。在研究综述中,由于综述者要在两个研究目标中做出推断,所以确定"目标群体"是比较复杂的。第一,他们希望累积的结果能够反映出有关这一问题所有先前研究的成果。第二,他们想要使归纳的研究普遍适用于关注某一主题领域的个体或群体。

在第 3 章,我仔细讨论了检索文献的方法,对社会科学家来说,这个讨论包括了一系列可以信赖的研究资源,怎样使用这些最重要资源的方法以及每种资源中包含的信息偏差。

数据评估阶段。搜集完数据以后,研究者会对数据的质量做出关键性判断。在相关数据中,根据每个数据点与所研究问题的相关性,对每项数据做出分析评估,以决定该数据是否适用。如果不合适,这种数据要么弃用,要么降低其可信度。例如,原始研究者严格检查每个研究参与者是否严格遵守了研究协议。通过评估研究的方法论,研究综述者就可以判断在研究中贯穿的方法论是否合适。

在第 4 章,我主要讨论了如何评估研究质量。我也关注质量判断的偏差并且对评分者间信度(interjudge reliability)的评估提出了一些建议。第 4 章还包括对如下问题提出的建议:当研究报告不可信时,综述者该怎么办;当得到的报告没有需要的信息时,综述者该怎么办。

分析解释阶段。在此阶段,研究者将搜集的单独数据点纳入到一篇对这一问题的统一声明中。此阶段要求研究者将系统数据模式(systematic data patterns)与"噪声(noise)"或"偶然波动(chance fluctuation)"区别开。在原始研究和研究综述中,这一过程都涉及统计方法的应用。

在第 5 章,我将解释一些合并单独研究结果的方法。同时说明了如何估计关系的大小或等级。最后,我介绍了一些方法,这些方法主要分析了为什么不同的研究会导致不同的关系强度。

公开发表阶段。创建一个用来描述研究报告的公用文档,这是完成一项研究所要努力的方向。在第 6 章,我会具体说明一些撰写研究综述的方法。

研究综述的四个案例

在此,我选择了四个研究综述来说明其实际应用。这四篇综述的主题覆盖了较宽的社会科学研究领域,包含了不同种类的定性研究。这四个综述涉及了不同的概念变量或操作变量。虽然研究主题不同,但它们研究的范围已足够宽泛了。不同学科的读者会发现这四个案例均具有代表性,即便在个别研究领域中,研究者即使没有比较宽泛的文化背景知识,也可以从中得到指导。因此,简要地介绍每个案例对我们从事研究将大有裨益。

家庭作业对学习成绩的影响(Cooper,1989)。同正规的学校教育一样,放学后要求学生做家庭作业,是一种比较古老的做法。从某种意义上说,家庭作业的效果,仍旧是一个较有争议的问题。在 20 世纪,对家庭作业的公众讨论此起彼伏。已有的家庭作业研究总结道:学生做家庭作业对提高他们的学习成绩具有积极效果或者没有效果,研究结果通常是非确定性的。有时,为了得出一般性结论,众多的环境变量就成为影响家庭作业效果的调节因素。

查阅文献时,这种例证性的综述展示了促进家庭作业研究的 10 个不同问题。3 个问题论述了家庭作业是否有效果,7 个问题论述了家庭作业方法的变化(例如,布置家庭作业的效果等级)。其中两个关于家庭作业总体应用的问题涉:做家庭作业的学生是否比不做家庭作业的学生,或在课堂上受到监督学习的学生成绩更好? 第三个问题牵涉的是,学生做的家庭作业数量是否与他们的成绩成正比? 这里把分析第一个问题的研究结果作为例子,做家庭作业的学生成绩果真比不做家庭作业的学生或其他没有辅助性训练的学生好吗?

实验室实验中人际期望效应的人格调和(personality moderators)(Cooper & Hazelfigg,1988)。社会心理学的一大发现是,一个人对他人的期望能影响到他人的行为。"人际期望效应"的实证检验,首次在一系列实验中得到实施。有时,"天真的受试者"认为自己在成功状态下照的照片效果好,失败状态下照的照片效果不好。实际上,无论是成功还是失败,照片的效果都是一样的。研究结果显示,影响他们心理认同的主要因素是受试者想要获得更多成功的期望。

考虑到并非所有人都同样受到"人际期望效应"的影响,实验者就会努力采取来确定能够调节人们期望行为程度的人格变量。当搜集完文献以后,我们会发现有五个一般假设指引着研究,其中三个假设与实验者相关。这就说明,想要更多地影响别人的实验者、能够更好地解释非语言信息交流的实验者以及给他们的受试者留下更好印象的实验者能够产生较大的人际期望效应。在这五个假设中,其中两个假设与受试者有关。这表明,能够更好地甘心接受并理解非语言信息的受试者更易于按照实验者的期望行事。库珀和黑兹尔里格(Cooper & Hazelfigg,1988)收集和总结了这五个假设的研究及实验。

酒精对人类攻击性的影响(Bushman & Cooper,1990)。长久以来,人们认为,在酒精的刺激下,人们的行为会更富攻击性。本研究综述的目的在于总结出喝酒与个人的攻击性行为之间是否存在一种因果关系。为了达到这一研究目的,作者搜集了一些实验研究。在研究中,受试者被随机分配为"喝酒"或"不喝酒"两种情况,然后观察他们是否会产生"攻击行为"。

在这个简单的范例中,研究文本包含了很多变化。最重要的是,一些研究者感兴趣的是:"攻击性行为"的产生是受喝酒产生的生理效应的影响,还是受社会期望的影响? 在"不含酒精"的条件下,这些研究者操纵着受试者面临的状况。一些研究还包括这样一种"安慰剂"(实际上指"安慰词",在这里两者的意思相同)的状况,没有喝酒的受试者被告知他们喝的软饮料含有酒精。另一些研究则不含"安慰词"的状况,实际上喝了酒的受试者会被告知他们没有喝酒。这些人为的操作会帮助研究者比较不同的理论预测的准确性,这些理论主要预测了酒精对人们产生"攻击性行为"的影响程度。

布什曼和库珀(Bushman & Cooper,1990)的研究综述也分析了影响"酒精与攻击性"之间关系大小的众多潜在因素。他们总结了酒精消费的类型和数量,受试者是否有其他的"非攻击性行为"以及实验者是否注意到了受试者的这种状况。

对待强奸态度的个体差异(Anderson,Cooper, & Okamura,1997)。"强奸"是一个严重的社会问题,每天有许多女性在未经她们同意的情况下被迫与男性发生性关系。本研究综述从人口统计学、认知、经验、情感及个性影响的角度分析了对待"强奸"行为的看法。从人口统计学的角度看,主要相关因素包括:年龄、种族及社会经济地位。从经验的角度看,主要因素包括:以前涉嫌过强奸、参与强奸及色情暴力的影响。从个性影响的角度看,主要因素包括:对权力、统治和自尊的需求。作者们从综述中还发现了"分析男人和女人态度"的研究。

这里总结对"强奸态度"研究的价值又是什么呢?安德森等(Anderson et al.,1997)想要通过确认谁会从"强奸干预措施中获益最大"来增强预防强奸的手段。综述也可能说明了跟强奸态度有关的因素,比如说某人对人际间暴力的接受程度,可能也会成为干预强奸的影响因素。

练 习

阅读本书时,最好的练习方式是对你感兴趣的领域写一篇研究综述,综述应该试着运用下面章节中的指导方针。如果做不到的话,你可以试着完成各章最后布置的练习题。通常情况下,给你所在班级的成员分配不同的任务就会使这些练习变得更简单。

第2章 问题形成阶段

　　第2章描述了如何指导研究综述形成假设的过程。本章讨论的主题包括：对于概念和操作的考量、"研究产生（study-generated）"的证据与"综述产生（synthesis-generated）"的证据之间的区别、主效应及交互作用的处理、以往的综述对形成新综述所起的作用、从原始研究报告中搜集信息的编码单的发展以及在此阶段产生的效度威胁。

首先,所有的实证研究必须要仔细考虑所要研究的问题。就其最基本的形式而言,研究的问题包括变量的定义和将变量联系在一起的理论依据,这种理论依据有可能是一种预测变量之间特殊联系的理论(就像在证实性研究[confirmatory research]中),也有可能是来自于一些实际的、直觉的思考,从而能够提示人们已经发现的某一关系十分重要(就像在探索性研究[exploratory research]中)。我们可以使用任何一种理论依据来做原始研究或研究综述。

在原始研究阶段,如何选择所要研究的问题,主要受两个因素的影响:一是研究者的兴趣,二是研究者周围的社会条件。这两种因素都会影响研究综述的主题选择,它们之间也有较大差别。原始研究者的选择主要局限于他们可以想象到的主题,而研究综述者必须研究在文献中已经出现的主题。事实上,在一个或多个学科内,除非人们已经对一个主题产生了浓厚的兴趣,并且该主题对从事的研究有较多启示,否则,这个主题就不适合于研究综述。

实际上,综述仅跟一些问题有关,这些问题存在于以往的研究中,但与搜集原始数据相比,这并不意味着研究综述更缺乏创造性。其实,研究综述中的创造性会以不同的方式表现出来。为了帮助我们理解许多相关但不相同的研究,当研究者必须提出一个全面的方案时,这其中就蕴含着创造性。同时,这些累积的研究结果往往要比任一单项研究的结果复杂得多。为什么不同研究的研究结果各不相同,在解释这一问题的过程中综述者使用发现的变量解释此种情况的能力和提出概念解释高阶关系(high-order relations)的能力,可以说是研究综述过程中最具创造性和挑战性的两个方面。

社会科学研究中变量的定义

原始研究和研究综述之间的相似性

任何社会科学研究中包含的变量都必须用两种方式来界

定。首先,必须给出变量的概念定义。这些用来描述变量特征的概念完全独立于时间和空间之外,可用于区分描述的事件是否与概念相关。例如,成绩的概念可以界定为"某人在学术领域的知识水平",攻击性可以界定为"可能会伤害到他人的行为"。

概念的定义在广度上有所不同,它们指的事件包括的范围也不同。因此,如果"成绩"被界定为"通过努力取得的东西",这个定义就要比首次使用的概念的范围宽泛得多。第二个定义就会让人觉得"成绩"是指在社会、物理、政治或学术领域所要达到的目标。概念范围越宽泛,我们就可以说其越抽象。

原始研究者和研究综述者必须选择一个概念定义,同时还要确定他们所要研究的问题变量的适用范围。他们还必须决定一个事件究竟如何代表了一个感兴趣的变量。

为了把概念同具体事件联系起来,必须从操作层面界定一个变量的定义。为了确定这一概念是否出现在特定情况下,定义描述的必须是可观察到的事件。换句话说,"当详细说明产生概念的条件时",就可以从操作层面来界定概念的定义(Elames,Kantowitz,& Roediger,1995,P. 50)。人际期望效应概念的操作定义可以概括为:"实验者期望的某一具体行为(如"成功")遇到实验者期望的相反行为(如"失败")时,受试者在反应上的差别。"此外,原始研究者和研究综述者还必须详细说明涵盖在其概念定义里的操作。

原始研究和研究综述之间的差异性

我们在这两种类型的研究中可能也会发现变量界定上的一些差异。原始研究者别无选择,在研究开始前,他们必须从操作层面界定其概念。除非变量已经得到实证,否则,他们不能开始数据收集。研究攻击性的原始研究者,在开始研究第一个主题之前,必须界定如何衡量攻击性。

然而,综述者最初不必如此精确地界定概念。对他们而言,有一个概念定义和一些已知操作就可以展开文献检索。然后,随着综述者对研究越来越熟悉,概念的界定和相关操作就会变得越来越精确。当在文献中出现不同的操作时,综述者就能够评估它们的概念相关性。例如,文献检索开始之后,对家庭作业研究感兴趣的综述者就可以确定课后辅导是否应该"包括"在概念定义里。

　　当然,一些预先的操作规范也是必需的,综述者必须把这些经验认识(empirical realizations)铭记在心。然而,在文献检索过程中,综述者遇到他们不知道但同研究相关的操作是常有之事。总而言之,在数据收集开始之前,原始研究者通常已经明了可用于抽样的事件。随着研究的深入,综述者可能还会在研究中发现一些意料之外的因素。

　　这两种研究之间的另一个区别是:原始研究仅仅包括一类(有时是两类)同样结构的操作定义。与之相反,研究综述通常会包括许多经验认识。在任何单一的研究中,虽然对待两名参与者的方式不完全等同,但与在个别研究中介绍的实验室、抽样人群、处理方式、测量方法和分析技巧上的差别相比,这种变化通常非常小(Light & Pillemer,1984)。包含在研究综述中的多重操作介绍了一系列的独特问题,对这些问题,我们必须仔细研究。

研究综述的多重操作

　　概念和操作之间的"一致性"。研究综述者必须清楚可能出现的两种潜在的不一致性,这些不一致性是由文献中操作的多样性引起的。首先,为了能够发现较多操作,综述者可能会使用广泛的概念定义进行文献检索。然而,他们可能会发现以往相关研究中的操作范围非常狭窄。例如,对于强奸态度的研究综述,起初他们可能会对"强奸"概念下一个宽泛的定义,其中也包括女性强迫男性发生性关系的案例。但如果这样的话,综述者就会发现文献检索的结果会比较令人失望,因为过去多数的研究只涉及男性作为强奸犯的案例。当发生这种情况时,综述者就必须缩小概念的范围,尽可能地做到同现有的操作相一致。否则,跟必要的数据相比,得到的结果会过于笼统。

　　综述者也会遇到相反的问题,即用多重广义方法界定的狭义概念。对攻击性和酒精研究的综述来说,如果最初测量的只是对身体的攻击性,这个问题就会出现。但是,文献检索显示了许多种其他类型的攻击性行为,如言语侮辱,就被作为因变量使用。这时,综述者将面临着一项抉择,要么扩大概念的范围,要么排除许多研究。

随着文献检索的继续,综述者需要重新评估他们使用概念的广度或抽象性与原始研究者界定这些概念使用的操作变化之间的一致性,这一点是至关重要的。在原始研究中,我们不赞成重新界定所研究的问题。在研究综述中,我们要注意研究的灵活性,这对研究大有裨益。

多重操作主义(multiple operationism)与概念到操作(concept-to-operation)之间的对应性。韦布、坎贝尔、施瓦兹、西克里斯特和格罗夫(Webb, Campbell, Schwartz, and Grove, 1981)强有力地论证了多重操作主义的价值。他们将多重操作主义界定为应用两种或两种以上的方法对同一对象进行的分析,"但是在非相关的部分存在不同的形式"(p.35)。多重操作主义的运用产生了积极后果,因为:

> 一旦经两个或两个以上的独立测量过程确认了一种论点,不确定性的解释就会大大减少……. 如果一种论点可以经受住一系列不完善的测量及所有不相关错误带来的挑战,那么我们就应该相信它。当然,随着产生这些差异和分歧影响的错误观念来源的减少,我们对这种观点的信任度会逐渐增加。(p.35)

虽然韦布和他的同事们认为多重操作的存在可能会增强推论的可能性,但必须要强调他们要求的限定性条件。至少在最低限度内,如果在研究综述中包含的所有或大多数的测量是有效的,多重操作就能够提高概念到操作之间的对应性。这一"推论"和应用在古典测量理论中的"推论"很相似。如果有足够多的最小有效项目,就可以将各个项目的测试或调查问卷与一个"真"分数之间的小的关系系数增加到一个可靠的指标内。然而,如果大多数项目(在这种情况下,操作)没有对应的基本概念或项目(操作),并且更大程度上涉及的是不同的概念而不是预计的概念,检验(在这种情况下,综述的结论)将是无效的。如果不考虑包括多少项目(或操作),检验就是真实的。

研究综述者必须仔细分析会威胁到操作与概念之间对应性的研究设计。在文献检索中,如果研究设计包含了相同的无效程序,操作和概念之间的对应性就会受到威胁。这里,家庭作业和成绩的研究综述给我们提供了一个很好的例子。所有的家庭作业研究自然是在教室里面进行的。在有家庭作业或无家庭作业的情况下,这些研究通常只包括小量样本的班级——仅仅是一或两个班级。另外,许多研究以论文或学位论文的形式进行,在这些研究中,老师会把他们的学生视为参与者。因此,他们会有意或无意地以不同的方式来对待班级里的学生,而不是以是否布置家庭作业来对待。如果经文献检索发现所有的研究都是在老师指导做家庭作业的情况下进行的,就不能排除"除了家庭作业之外,对待学生的不同方式也可以说明成绩差异的原因"这一反驳假设(rival hypothesis)。幸运地是,在不同的老师随机给学生布置或不布置家庭作业或者是对相同的班级进行操作的情况下,研究也同样可以进行。

酒精对攻击性影响的研究提供了类似的例子。在一些研究中,实验者并不知道受试者喝的饮料中是否含有酒精及酒精的类型,而在其他一些研究中,实验者知道这两种操作下受试者的实验状况。在知道受试者喝酒的情况下,综述者会发现酒精的影响会更大一些。因此,如果所有的研究都是在实验者知道的情况下进行的,他们就会高估酒精的作用,这样就会混淆酒精效应同实验者的期望效应。换句话说,这种"酒精影响下"的操作方式包括了其他系统的但非相关的操作。在这种情况下,实验者在处理方式上的差别主要是建立在对受试者期望行为的基础上。

总之,如果综述者可以排除不相关的影响来源,那么在研究综述中,通过多样化的操作方式就可以表明较强推论的潜在好处。如果所有或大多数的操作与概念之间缺少最低限度的对应性,或者说,如果研究设计都有着相类似的困惑,并且这些困惑有的在预料之中、有的在预料之外,多重操作就不能确保概念与操作之间的对应性。

用新概念代替旧概念。在社会科学领域,用一个新概念来解释原有的旧概念是最具有挑战性的事情。例如,在 1959 年,费斯汀格和卡尔史密斯进行了一项典型的社会心理学实验,他们用"认知失调"这一概念来解释下面的案例。他们让受试者从事一系列枯燥无味的工作,接着诱使受试者撒谎告诉别人工作很有趣,他们付给受试者的报酬为 1 美元或 25 美元,然后询问受试者是否喜欢这一工作。结果拿 1 美元报酬的受试者比拿 25 美元报酬的受试者更积极地评价了这项工作。对这种用传统的学习理论解释不了的现象,认知失调理论的解释是,钱的数量不足以决定受试者的态度,仅拿 1 美元报酬的受试者的"失调程度"要高于拿 25 美元报酬的受试者。可见,只有态度发生转变,才能减少人们的不满意程度。接着,在 1967 年,贝姆做的实验提出了"自我知觉理论"。这种理论主要解释了人们的行为是否会影响人们的态度,即当问一个人对待某件事物的态度时,人们首先会回忆他们与这种事物有关的行为,然后根据过去的行为推断出对该事物的态度。简单地说,贝姆推测,若是参与者支持与自己态度相反的观点,他们就会采取同样的方式,以一位观察者的身份来推断他们的观点,也就是说:参与者对"1 美元"引发的争论,是假设因为他们没有理由必须对问题持有积极的态度。

不管有多少与"1 美元"、"25 美元"相同的实验,研究综述者都不能用实验结果来评估这两种理论的正确性。研究综述者必须注意区分不同的概念和理论,因为它们预测的同一组操作的结果相同或不同。如果预测是不同的,可以使用累积的证据评估这一理论或其他理论的正确性,也可以评估在不同情况下每一种理论的正确性。如果理论作出了相同的预测,那么,没有建立在比较判断研究结果基础上所做的预测也是可能的。

使用与概念相关的非初始操作。通常,文献检索发现的研究已经被圈进一种概念框架内,这种研究不同于综述者的研究,但包括了综述者想到的与概念相关的测量和操作。例如,有一些概念与出现在研究文献中的人际期望效应的概念相似

（如,行为确认）。当确定和不同的抽象结构有关的相关操作时,这些操作当然最应该被考虑纳入到综述中。事实上,相似操作背后的不同概念和理论经常被用来展示结论的稳固性。与具有不同理论背景的研究者做的相关实验相比,可能还没有更好的方法来确保操作中包含有不同形式的非相关组成部分。

多重操作对综述结果的影响。多重操作不仅为概念变量介绍了更为清楚的推论。同时,在不同综述结论里,它们也是旨在解决同一主题的最重要的差异来源。多重操作对综述结果的影响主要体现在以下两个方面:

1. 操作定义里的差异:关于同一主题的两个研究综述使用的操作定义彼此之间是不相同的。正如之前提到的,两位使用相同抽象概念的综述者可以使用完全不同的操作定义。每个定义可能包含有一些被其他排除的或者可能完全包含其他的操作。

2. 操作细节里的差异:在文献中,由于综述者关注方法论特征的变化,所以多重操作同样也会影响研究结果。检索完文献之后,这种影响会引起综述者对待研究操作方式的不同。这时候,研究综述者就会变成"侦探"来查找"在不同条件下,为什么两个不同的变量是相关的独特线索"（Cook et al,1922,p. 22）。为了解释在什么情况下,两个变量的关系为正相关、负相关或不相关,他们会使用观测数据模式作为线索进行说明。

综述者做的"侦探工作量"是不同的,一些综述者非常注意研究操作。他们决定认真查明检索研究中的操作和样本之间的区别。其他的综述者认为对方法或参与者的依赖关系是不太可能的,可以简单地关注。

综述案例

在下面四个研究综述案例中,有两个案例能更好地解释概念与操作之间定义的广度和一致性之间的差异。对人际期望效应中的人格调和进行搜索之后发现,有 32 个不同的等级测量了实验者的人格,有 27 个等级测量了受试者的人格。有 8

个不同的等级测量了实验者所需的社会影响力,有 9 个等级测量了实验者的表现,有 11 个等级测量了实验者的亲切性(likability)(其中四个测量结构与假设无关)。有 11 个等级测量了受试者的易受影响性。显然,多重操作已经运用到了这些领域。因为使用了多重操作,我们可以相当肯定,与任何单一级别相混淆的任一其他人格变量对这四个假设的结果影响不大。尽管多元量表可能涵盖了宽泛的假设,但是基本上所有的测量都属于纸笔(paper and pencil)的类别。因此,我们必须考虑一种可能性,即与纸笔测试(如,对社会期望的回答和评价顾忌)相关的困惑,可能会对综述结论中的人格变量产生影响。

测量人际期望效应时,可以使用四个不同的操作运算。最简单的操作使用原始分数等级,并将不同的期望条件(如,某个人的像片照的成功或失败)连同人格维度一起输入,然后进行方差分析。另一个方法就是通过观察期望等级和获得等级之间的差异来界定期望效应。这些测量不仅在计算方式上不同,而且在界定某一期望效应时,他们是否是通过获得的等级,或者通过获得的等级是否反映了期望的准确性——这是看待这一现象的两种不同方式。

然而,"人格"是个很宽泛的概念,包含了很多维度和测量,"对待强奸的态度"则是一个十分狭窄的概念。一旦强奸这个词被界定为"未经女方同意发生的男女之间的性交"。通过文献检索,发现了 17 个对强奸态度的不同测量,但只有 5 个使用的频率比较高。在如何界定强奸态度时,这些测量又有所不同。其中两个集中说明了对强奸问题的一般看法,一个说明了对强暴迷思的可接受程度。另一个表达了对强奸行为的谴责,剩下一个表达了对强奸犯和强奸受害者一定程度上的同情。

界定"预测强奸态度"可以使用"个体差异"这一概念,但是,它的内涵非常广泛。它里面确定了 74 个独特的个体差异变量,这些变量包括了一些由人口统计学、认知、经验、情感和人格测量这些内容聚集成的宽泛群组。在做研究综述时,许多创新挑战都来源于如何确定分组(如上述分组),并且还要搞清它们之间的不同关系。

判断研究的概念相关性

迄今为止,还有一个基本问题没有回答,即如何判断研究是概念相关的? 综述者用来区别相关研究和非相关研究的规则,决定了概念和操作之间的一致程度。

信息科学家已经分析了是什么因素促使了一项研究同研究的问题相关。遗憾的是,文献检索者没有分析其使用的概念抽象程度对相关性判断的影响。然而,事实已经证明,文献检索的相关性研究判断同此领域中开放的思想和专业知识相关(Davidson,1977),也与结论是否建立在标题或摘要的基础上相关(Cooper & Robble,1989),甚至跟检索者做出相关决定所需的时间相关(Cuadra & Katter,1967)。因此,对于一个问题,虽然综述者选择的概念定义和抽象水平被视为是对相关研究的两种影响因素,但是其他诸多因素也会影响信息的筛选。

关于概念的相关性,对综述者的一般建议就是:他们必须牢记要用最广义的概念定义进行文献检索。如果决定将“概念的可接受性”包括在广泛的概念里,那么综述者就要尽可能地保持思想开明。在下一个阶段,特别是在数据评估阶段,综述者有可能因为缺乏使用概念的相关性而排除一些特殊操作。然而,在问题形成和搜索阶段,综述者应该尽可能搜集到有关问题各方面的信息,有些信息虽然没有太大作用,但也必不可少,比如原始研究者搜集的、以后可能在分析中不会应用的一些数据。研究完成后,如果综述者发现在检索中省略了尚有疑问的问题,而他们已经检索了研究并对其进行了分类,但必须又要进行新的检索,这就是件很让人烦恼的事。

综述者在做广泛的概念搜索时,需要更多地注意操作细节。在随后的章节中,我也多次强调了广泛的概念定义搜索给我们的研究带来的帮助。

综述案例

家庭作业效用的综述面临着一些问题,这些问题涉及综述里是否应该包括某些种类的操作。为了帮助客户们克服恐惧症,行为治疗师经常给他们布置"家庭作业"或练习。广泛的概念定义可能也包括这种类型的"家庭作业"。这和学校里学生的家庭作业很相像,一些学生会接受课外辅导,其他学生可能会在家里跟随电视或录像学习。用来界定家庭作业概念的方法可能包括上述所有的这些活动。最终,排除以上类型的"家庭作业",我们把"家庭作业"界定为"学校老师给学生布置的要在课后完成的任务"。

酒精和强奸态度的综述在案例中较少出现,很难区分这些研究是相关还是不相关的。在酒精对攻击性影响的研究中,对酒精含量的操控作用是非常明显的,这点就像研究者是否测试参与者对强奸的态度一样明显。然而,是什么构成了攻击性行为或者如何界定个体差异,是一个比较大的问题。同时,如何限定一些定义的范围(如言语嘲弄是否是攻击性行为? 对待约会的态度是一个稳定的个体差异么?),不同的社会科学家的想法也不一致。

研究综述中不同概念之间的关系

大多数研究综述最初只包括两个变量之间的关系问题。对此的一个简单解释为:与任何给定的涉及三个变量的交互作用相比,对二变量关系的检验通常更加频繁。在四个综述案例中,我选择了两个案例进行说明,一个是家庭作业与成绩研究的综述,另一个是酒精与攻击性研究的综述,它们都是将二变量的关系作为最初的关注点。对待强奸态度和个体差异的综述,将单个概念变量和许多其他的概念变量联系在一起,但每次只分析一个变量。然而,所有的这些综述均分析了对二变量关系的潜在影响因素。人际期望效应中人格调和的综述最初分析的是三个变量之间的关系。二变量关系主要包括了人际期望对行为的影响,同时也包括期望者的人格和目标是如何影响这种联系的。

在社会科学领域,虽然一些具体的交互假设已经对需要独立的研究综述产生了足够兴趣,但是对于绝大多数的研究主题而言,最初的问题形成涉及两个变量的问题。此外,最初建立在二变量关系基础上的综述,决不会消弱对发现的交互影响或缓和影响的重视程度。的确,如果经常发现存在二变量关系,这一贡献会被研究团体视为是微不足道的。如果发现二变量关系可以由第三个变量调节,那么就可以认为研究者对这些研究结果的理解又向前迈进了一步,并且获得的研究结果也会被优先推论。即使当交互作用是一篇综述的首要关注点时,对高阶交互作用的搜索也应当继续。人格调和的综述分析了交互效应在不同的情况下是否可能会或多或少的出现。第 5 章会更多地说明变量之间的关系,并讨论如何解释研究综述中的主效应和交互作用。

研究产生的证据与综述产生的证据

在研究综述中,包含了两种不同来源的关系的证据。第一种被称为研究产生的证据。当一项单独研究包含了直接检验我们正在考虑的关系的研究结果时,就会出现研究产生的证据。研究综述也包括这样一种证据,它不是来源于个别研究,而是来源于在程序上有所变化的研究。这种类型的证据,称为综述产生的证据。当使用不同的程序来检验相同假设的研究结果彼此之间进行比较时,就会出现综述产生的证据。

任何关系,不论是因果关系或者是简单关系,都可以通过研究或综述产生的证据来分析。然而,研究产生的证据不仅建立在实验研究的基础上,而且综述者还可以通过它对涉及的因果关系进行解释说明。下面的一个案例将说明这一点。关于酒精与攻击性的研究,假定我们对蒸馏的酒精饮料(如,伏特加酒)和酿造的酒精饮料(如,啤酒)是否会产生不同作用的攻击性的研究感兴趣。假定发现参与者被随机分配为喝酒或不喝酒实验条件下的研究有 16 个。并且这些研究的累积结果可以解释支持或反对"酒精引起攻击行为"这一观点。现在假定我们发现了 8 个研究,这些研究只比较了蒸馏酒与无酒精控制组,其他 8 个研究只比较了酿造酒与无酒精控制组。如果此综述产生的证据说明,同饮用酿造的酒精饮料相比,参与者饮用蒸馏的酒精饮料后更容易产生攻击性行为,那么我们就可以以此推断酒精的类型与攻击性行为之间的联系,但推断的这种关系并不是因果关系。

为什么是这种情况呢? 因果关系的方向并不是综述产生的证据的问题。如果用参与者表现出来的攻击性行为来说明实验者选择的酒精饮料的类别,那么对此问题进行争论是非常愚蠢的。然而,另一种成分的因果关系仍旧是个问题,即缺少造成联系或非虚假关系的潜在的第三变量。众多的第三变量可能没分清实验者最初对酒精饮料的选择。例如,为了评定饮用蒸馏酒精饮料的实验者血液中的酒精含量是否比饮用酿造酒精饮料的实验者高,前者使用了更加敏感的衡量攻击性的措施。

综述产生的证据不能合理排除可能会作为真正原因使用的其他变量,这些变量是同感兴趣的研究特征交织在一起的。因为综述者不是随机地给实验分配酒精类型,所以就不可能减少实验中的虚假性。在实验条件下,如果原始研究者可以随机地分配使用参与者,他们就可以假定对第三变量的描述是均等的。

使用综述产生的证据研究描述性统计或二变量的关系。 在说明如何使用综述产生的证据分析第三变量对二变量关系的强度和方向产生的影响时,可以采用蒸馏的酒精饮料和酿造的酒精饮料的案例。在这个例子中,大多数综述产生的证据分析了某些类型的交互假设。

综合整个研究的描述性证据也是可能的,或者像罗森塔尔(Rosenthal,1991)称之谓的"综合分析"。例如,家庭作业的综述可能已经问到下面的问题,"学生报告的、平均做的家庭作业有多少?"这一问题将会促使我从每个研究中搜集学生做家庭作业花费的平均时间,然后,就可以计算出这些平均时间的平均值。

我已经使用了这种描述性证据来观察二变量的关系。例如,当比较作为抽样人群使用的小学生和中学生的研究时,我可能已经分析过他们做的家庭作业的平均量是否不同。

使用这种类型的综述产生的证据,去综合描述性统计或检验二变量之间的关系,往往比较困难。这是因为社会科学家经常会使用不同的标准来测量他们的变量。假设我想将整个研究中有关成绩的描述水平综合在一起,如果我发现了一些通过教师自编测验及其他的一些标准化测验来测量成绩的研究,并且在这些标准化测验中,如果有些报告的是原始分数,其他报告的是相当于年级水平的成绩,那么综合有关成绩的描述水平将非常困难。更不用说花在家庭作业时间上的那个例子。在整个研究中,测量时间的指标应该一致或者可以轻易转换(比如,从小时转换为分钟)。

当检验作为第三变量的研究特征时,因为研究中二变量的关系可以转化为标准化的效应量估计,这样的话,就可以控制不同的等级,非标准测量的问题就会减少(见第 5 章)。然而,在整个研究中分析第三变量时,仍存在不能以同一标准衡量的问题。

对综述者而言,要注意研究产生的证据和综述产生的证据之间的区别,这一点是非常重要的。在某一单独研究里,来自于实验操作中产生的唯一证据才能支持有关因果关系的主张。有时候,综述产生的证据的因果推论强度较小,但这并不意味着我们可以忽视它。使用综述产生的证据可以检验原始研究者从未检验过的关系。例如,以前的原始研究没有研究过家庭作业和成绩之间的关系是否会随着年级级别的不同而不同,或者饮用不同的酒精饮料是否会产生不同的攻击行为。在研究过程中,通过检索到的不同的年级级别或酒精饮料类型的研究,综述者就可以制造出可能作为重要调节变量使用的第一手证据。即使这一证据有时会让人感觉模棱两可,但它却能给研究综述带来较大好处,也可能是将来原始研究中的假设来源。

以往综述的作用

如果一个主题有着悠久的研究历史,综述者就会发现以前的研究者尝试做的综述工作。很明显,在做一个新综述之前,综述者要仔细查阅前人的努力成果。以往的综述可以帮助研究者展开新的综述研究。这个评估过程和一项新研究进行之前在原始研究中使用的评估过程很相似。

新综述者可以在以往的综述中找到很多有价值的东西。首先,通过分析以往的综述,他们可以知道该领域中其他学者的观点、立场。特别是,他们还可以发现以往的综述中存在的相互冲突的研究结论,并且如果确实存在这些冲突性结论,那么是什么原因引起的呢?

其次,他们可以通过以往的综述分析评估较早研究的完整性和有效性。例如,库珀和多尔(Cooper and Dorr, 1995)把种族差异的统计研究分析与关于同样主题的非定量分析进行对比(Graham, 1994)。通过使用相同的研究,库珀和多尔说明了在非定量分析的结论中遗漏了一些重要关系,并且在不同研究领域使用的"显著性"标准也不同。

在确定新综述者希望分析的交互变量时,以往的综述是一个很重要的帮手。除了重新开始汇总和整理潜在的调节变量,以往的综述者通过阅读研究文献并依据自己的聪明才智,无疑会为新综述者提供许多建议。如果该领域做的综述不止一个,那么新综述者就需要通过自己的努力来汇总所有提出的建议。

最后,通过参考以往的综述,综述者就可以开始编纂与新综述相关的参考书目。大多数综述包含的参考书目相当长。如果综述里包含的参考书目不止一个,虽然引用的文献有明显的区别,但这些引用在一定程度上会有重复之处。与第3章描述的其他文献检索方法一样,以往综述中引用的研究可以为新综述展开文献检索提供一个很好的场所。

综述案例

在这四个综述案例中,家庭作业和成绩的综述最能说明以往综述的作用。我们会发现九个汇总了以前文献的研究,这些研究主要说明了家庭作业是否会影响学生的学习成绩。首先,我向大家说明了,这九个有关家庭作业效用的、比较陈旧的综述的总体结论有什么显著不同。其次,不同的综述分析了作为家庭作业效用调节量的不同变量组。接着,当分析相同的调节量时,以往的综述者有时会得到与他们的研究相反的结论。再次,我们发现以前的研究并不都是非常全面的,在检索所有相关的文献时,没有一个单独研究检索的涉及面能超过全部研究总文献的60%。因此,我们可以利用新综述解决以往综述之间存在的争议、分析所主张的家庭作业效用的调节量,从而能够为今后的研究打下更为全面和牢固的基础。但这并不是表明以往的综述没有什么作用,在帮助制定一个描述家庭作业发展过程的概念框架时,它们起到了很好的作用。当对家庭作业的效用进行评估,并提出了可能会影响家庭作业效用研究的综合目录的背景因素时,以往的综述列出了需要解决的问题。

研究综述编码单

　　一旦综述者提出了一个问题,同时也知道一些理论家、原始研究者和以往综述者对问题的研究思路,接下来要做的就是编制编码单。综述者可以使用编码单收集从原始研究报告中获取的信息。

　　在进行文献检索之前,如果综述里包含的研究数量很少,至于从报告中提取哪些信息,综述者没有必要开始就对其进行准确和完整的构想。综述者可以检索、阅读甚至反复阅读一些相关的报告,直到他们确切知道自己对哪个方面的研究感兴趣并乐意对其进行编码为止。综述者可以通过少量研究,把出现在自己阅读后的研究中的观点探究到底,他们也可以简单浏览以前所做的研究来寻找新的信息。

　　如果综述者希望发现大量研究,而重新阅读这些报告会因花费大量时间让人望而却步。那么在这种情况下,综述者在正式搜索开始之前,有必要仔细考虑从每个研究报告中会检索到什么样的数据。在研究正式开始之前,综述者对自己的某些研究想法进行小范围的试验是很重要的,这有利于以后研究展开和编码单修改。在全面检查每个研究报告后,通过上述举措,我们还可以得到一个更确切的研究标准,这样就能更好地指导单独阅读研究报告。编制编码单的规则同原始研究中编制编码框和数据矩阵的规则很相似(Bourque & Clark,1992;Fowler,1993)。

编制综述编码单的首要规则是:检索研究中所有可能相关的信息。一旦开始文献检索,综述者想要从已经编码的研究中检索新的信息是极其困难的,更不用说那些不会使用的研究信息了。

编码单上包含的信息。每一位综述者都想把一些原始研究信息包含在研究综述的编码单上。司多克(Stock,1994)将这些信息分成 7 类,分别是:鉴定报告、研究设置、研究主题、研究方法、对待方式、统计结果或效应量和编码过程。下面分别对这些分类进行说明:

1. 鉴定报告(report identification):首先,综述者希望检索到与研究报告相关的背景特征方面的信息,主要包括报告的作者、来源、发表时间和发现报告的信息渠道。

2. 研究设置(setting of the study):通常包括从事研究的地理位置(如国家或国家的某一地区;城市、郊区或农村),也包括了不同的体制环境(如分别在大学和监狱里对强奸态度进行的研究),甚至是更细微的研究机构(如公立学校和私立学校)。

3. 研究主题(subjects):综述中需要的其他领域的信息,包括了包含在原始研究中的参与者特征的信息。检索每一种条件下研究的参与者的数量无疑是十分重要的。综述者既希望检索到原始研究者对研究参与者设置的有关限制方面的信息,又希望检索到参与者的年龄信息。

4. 研究方法(methodology):综述者希望检索到原始研究中有关研究设计的信息。具体的研究兴趣特征会随着主题的变换而变换。通过库克和坎贝尔(Cook and Campbell,1979)的研究,我们可以发现对研究设计较全面的讨论及解释。大多数研究设计可分为 5 种类型:一组前测、后测设计;相关性研究;非对等控制组或静态组比较(如在研究开始前,存在的群组处理方式);非对等控制组的匹配或统计控制比较(如使用的增强完整群组对等性的方法)。

在某些案例中,这样的分类是足够的。但是在其他一些案例中,需要在前面介绍的设计中增加不同的设计(如时间序列)或做一更加精细的区分(比如不同的匹配或统计控制程序的区别)。

其他研究设计的特征可能也是相关的,是否使用重复测量、平衡调整,或者是否存在对实验者偏见的控制也包括在内。

5. 对待方式(treatment characteristics):综述者需要仔细描述操作或独立变量测量的细节问题。对待方式的本质是什么？随着研究的不断变换,它的强度和持续时间是不是也会发生变化？会不会采取操作检查？如果检查的话,说明了什么？

如何对待操作组和比较组也同样重要。有没有可替换的方式？如果有的话,这种方式是什么？如果没有的话,控制组会怎么做或它们是如何获得的？研究中的这些不同变量是造成研究结果不同的主要原因。

对于包括人格和其他多项量表的研究,如果检索到的信息是有效的,综述者则希望能够检索到测试名称方面的信息,包括它们是否是标准化的、包含的项目数量和测试的信度。在实验研究里使用的相似的因变量的信息也需要仔细分类。

虽然经常用实验因变量来解释个别问题或不连续的行为,但是在一些重要方面,它们也会随着研究的不同而不同。例如,在测量实验因变量之前,它们的反应性、灵敏性及延迟值也有所不同。

6. 统计结果或效应量(statistical outcomes or effect size):研究综述的编码单必须包括研究结果方面的信息。至关重要的是,编码单需要确定比较结果的趋向。是支持还是反驳这一假设呢？同假设检验相关的显著性水平如何呢？

如果预想了定量分析或者是元分析的结果,综述者需要记录更多研究统计结果的准确信息。因为不同文章报告的结果不同,采取的形式也不同,所以,根据研究的统计结果在定量分析中是否适用,我们列出它们也是可能的。从最理想到最不理想的研究统计结果分别是:(a)平均数、标准差、比较中每个群组或假设检验的样本量;(b)估计处理方式的影响或者是变量之间的关系(如相关系数);(c)推论检验统计量的精确值(如 t 检验或 F 检验)及相关的自由度;(d)不精确的 p 值和样本量。

不管选择什么样的比较,综述者都可以通过平均数和标准差精确计算出效应量。虽然原始研究者计算出的效应量是一个极好的信息来源,但有可能会包含一些未知的错误,也有可能没有提及具体的感兴趣的比较,还有可能不是以综述者选择的度量标准进行计算的。综述者可以通过推论检验统计量值和自由度来评估效应量。综述者还可以通过不精确的 p 值和样本量对推论检验值作出估计。有时,在对推论检验值和 p 值的分析中包含了多重因素(如不止一个自变量的方差分析)。除非这些因素在整个研究中是相同的,否则,研究中的不精确估计将会增多。在研究报告中,诸多在统计信息中提取的问题将会在下面的章节中进一步讨论。

7. 编码过程(coding process):这部分信息指的是编码的研究。综述者可能会对研究的编码者是谁、如何相信编码者的编码及完成编码需要多长时间这样的问题感兴趣。接着,综述者还将分析编码结论的可靠程度。对研究进行编码时,编码过程中的信息可以帮助我们了解哪些编码者遇到了困难,针对的是哪些变量,为什么会遇到这些困难?

最后,每个研究报告还包含了综述者想在编码单上说明的各种各样的重要信息。在很多情况下,为了与感兴趣的主要比较的信息相适应,我们要将编码单标准化。但是,研究报告中还包括一些证据,这些证据涉及主效应和其他变量之间的交互作用。因此,编码单上应该留有一定的空间,用来说明设计或分析中变量的数量及包含在感兴趣关系中的交互作用的检验结果。给描述性说明留有一定的空间是很重要的,编码者可以通过这些说明来报告每个研究的独特方面。

低推论编码和高推论编码。前面所列的类别可能被认为是低推论编码。就是说，他们只是要求编码者指出研究报告中需要的信息并将其转到编码单上。在某些情况下，可能要求编码者对研究做一些推论性判断。这些高推论编码要求编码者尝试着推理出个人是如何解释某一处理方式或实验操作的。

卡尔逊和米勒（Carlson and Miller, 1987）做的综述给我们提供了一个很好的例子。他们总结了一些文献，主要说明了为什么消极情绪状态下似乎会增强人们伸出援助之手的可能性。为了检验对这一研究的不同解释，他们需要估计伤心、内疚、愤怒或沮丧等不同的实验程序对试验对象有何影响。这就要求编码者阅读摘录的方法部分的有关条款，然后使用 1 ~ 9 这九个数字来划分等级，例如，"在何种程度上，研究对象会因消极情绪的诱导而感到特别失落、伤心或压抑。"（p. 96）

这些高推论编码会给研究综述者制造一组特殊的问题。首先，要特别注意高推论编码判断的信度。同时，还要求编码者发挥研究课题的作用，而发挥作用的方法的效度又是许多争议的根源（Greenberg & Folger, 1988）。米勒、李和卡尔逊（Miller, Lee, & Carlson, 1991）经过实证研究证明了：高推论编码可以导致有效判断，也使综述者研究文献和解决争议的能力得到进一步提高。如果综述者认为可以从文章中有效地提取高推论信息，同时解释他们这样做的理论依据可以使人信服，这种做法就值得一试。

修订和试验性测试编码单。当研究领域庞大而且复杂时，编制编码单是件很艰巨的任务。在设计分类的过程中，哪些问题是这一领域研究的重点，综述者对此要做出关键判断。通常，综述者会发现自己对某一主题及其研究的想法只有一个模糊的印象。编制编码单可以迫使他们进行更加周密的思考。

编码单的第一稿并不是最后的定稿。为了方便进行输入，综述者需要向知识渊博的同事们展示初稿。然后，使用编码单就可以对一些随机选择的研究进行编码。同时，研究的类别也会增加，分类描述将得到更精确地界定。最后，不同的编码者要对编码单进行试验性测试,这样可以进一步发现一些含糊不清的地方。

综述者不应该把这一过程看作是件麻烦的事。这一过程是阐明问题形成的内在组成部分。编码单的发展跟综述的成功是息息相关的,它的重要性不亚于调查表对调查研究的重要程度,或者说不亚于观测方案对自然行为研究的重要程度。

最后,一般的编码单不会涵盖所有研究的独特方面。完成的编码单上经常充满了空白处和页边注释。编制完美的编码单是永远达不到的。为了强调主题领域里研究的多样性,综述者可以把这些事件视为失败(但并不是失败)或视为一种机会目标。

综述案例

表2.1描述了一份"可能的编码单",上面比较了做家庭作业和不做家庭作业学生的研究综述。我将其称为"一份可能的编码单",是因为即使是相同的综述,也会存在多种方式去安排这些变量和编码。实际上,表2.1虽然展示了安排编码时会遇到的大部分问题,但它可能不是最佳的编码单。随着研究中变化的增多,编码的复杂度也会增强。如何解决和处理更多复杂的问题和案例,综述者可以参见司多克(Stock,1994)的著作。

表2.1左边一栏记录的信息都会输入计算机里进行记录。一些信息(如期刊卷数和页码)可能会记录在编码单上而不会输入计算机。空白行下面的数字表示了计算机栏的数量和位置,它们已预留给数据矩阵每一行中的变量。下面括号中描述的是每个变量的名称,它会显示在计算机文件里。例如,表2.1表明数据矩阵的第一行前三栏指定了一个特定的三位数来确定研究报告(在计算机中被称为RID)。通过留出的三个栏,我就可以区分1 000个不同的研究报告(它们的RID是从000到999)。留出的第四栏是用来确定每一个单独的研究(研究ID号码),这些研究可能会在相同的报告中进行报告。在大多数情况下,这种记录的条目是"1",但是如果两个研究报告在一个报告中,在第四栏,第一个研究的条目就是"1",第二个研究的条目就是"2"。

表 2.1 家庭作业与没有家庭作业研究的编码单

列号.		
	鉴定报告	
＿＿＿＿ 123	报告 ID: (RID)	＿＿＿三位数编码
＿＿＿＿ 4	研究 ID: (SID)	＿＿＿一位数编码
＿＿＿＿ 5	样本 ID: (SAID)	＿＿＿一位数编码
＿＿＿＿ 67	比较 ID: (CID)	＿＿＿两位数编码
＿＿＿＿ 890123	第一作者＿＿＿＿ (FA) 题目＿＿＿＿	＿＿＿前六个字母
＿＿＿＿ 4567	期刊＿＿＿＿ (JO)	＿＿＿＿四个字母编码
＿＿＿＿ 89	年份 (YR) 册数＿＿＿＿ 页码＿＿＿＿	＿＿＿最后两位数
＿＿＿＿ 0	参考资料来源: (SO)	1. 电脑的搜索 2. 以往的综述 3. 参考目录列表 4. 个人联系 5. 其他
＿＿＿＿ 1	研究设计: 设计类型: (DT)	1. 一组前测与后测 2. 不同的控制 3. 随机分配
＿＿＿＿ 2	如果使用不同控制: (NEC)	1. 不相符 2. 同替代的前测相符 3. 与前测相符
＿＿＿＿ 3	如果使用随机分配 (RA):	1. 随机分配学生 2. 随机分配班级

续表

列号.		
_____ 4	其他的设计特点: 重复测量: (RM)	1. 有 2. 无
_____ 5	平衡: (CB)	1. 是 2. 否
_____ 6	教师作为实验者: (TE)	1. 是 2. 否
	样本量:	
_____ 789	学校: (NSCH)	_____
_____ 012	班级: (NCL)	_____
_____ 3456	学生: (NSTU)	_____
	学校变量:	
_____ 78	所处位置(使用州名缩写) (LOC)	_____
_____ 9	资金来源: (FDS)	1. 公共的 2. 私人的
	学生变量:	
_____ 01	涉及最低的年级: (LGR)	_____
_____ 23	涉及最高的年级: (HGR)	_____
_____ 4	社会经济地位: (SES)	1. 较低 2. 中等 3. 混合

列号.

| 5 | 种族：
（ETH） | 1. 白人
2. 黑人
3. 其他＿＿＿
4. 随机分配或混合 |

| 6 | 能力水平：
（ABL） | 1. 低
2. 平均
3. 高
4. 混合 |

设置：

| 7 | 科目：
（SM） | 1. 数学（基础）
2. 数学计算
3. 数学问题解决
4. 数学概念
5. 阅读（基础）
6. 阅读理解
7. 阅读认知
8. 写作/拼写
9. 语言/词汇 |

家庭作业对待方式：

| 89 | 对待方式的周数：
（WKS） | ＿＿＿ |

| 0 | 每周作业的频率：
（ASFR） | ＿＿＿ |

| 123 | 作业的平均长度：
（ASLG） | ＿＿＿分钟 |

结果测量：

| 4 | 测量类型：
（MEAS）
具体而言＿＿＿ | 1. 标准的成绩测试
2. 班级年级
3. 老师测试
4. 教科书测试 |

续表

列号.		
	统计结果:	
_____	家庭作业的平均值:	_____
56.78	(HX)	
_____	家庭作业的标准差:	_____
90.12	(HSD)	
_____	家庭作业的样本量:	_____
34567	(HN)	
_____	无家庭作业的平均值:	_____
89.01	(NHX)	
_____	无家庭作业标准差:	_____
23.45	(NHSD)	
_____	无家庭作业的样本量:	_____
67890	(NHN)	
_____	推论测试类型:	1. F
1	(INF)	2. t
		3. 其他_____
_____	测试值:	_____
23.45	(INFVAL)	
_____	df 测试:	_____
67.89	(INFDF)	
_____	p 水平测试:	_____
0.0123	(INFP)	
_____	效应量方向:	1. +（喜欢有家庭作业）
4	(ESD)	2. −（喜欢无家庭作业）
_____	效应量值:	_____
56.78	(ESV)	
	其他统计信息:	
	在分析（单）上的其他变量	
	_____	
	_____	
	涉及家庭作业的显著性交互作用	
	变量____ 测试值____ df ____	
	变量____ 测试值____ df ____	
	变量____ 测试值____ df ____	
	编码信息:	
_____	编码者 ID:	_____
9	(CID)	

注释和评价:

第五栏用来确定研究中的独立样本(样本 ID 号码)。在一个单独研究(例如,分别是一年级学生和二年级学生的研究)中,如果给出了做家庭作业和不做家庭作业条件下不同学生群组之间的比较信息,那么这样的编码对每个样本都会有不同的价值。第六栏和第七栏比较了一个样本内做家庭作业和不做家庭作业的群组,并给予唯一的一个标识(比较 ID 号码)。因此,对于同样的学生群组,这种编码可以把测量的多重结果区分开来(如标准化的成绩测试和班级年级)。在第 4 章,我将详细解释研究报告中使用四个单独确认值的原因。

大多数剩余变量和编码背后的理论依据是不言自明的,关于结论的一些解释说明了检索到了什么样的信息,为什么这些信息可能对人们有所启发? 即使这样的类别是以前建议过的,研究设计部分也不会包含任何种类的相关性研究。这是因为以前使用的相关设计的研究总是将学生花在家庭作业上的时间作为一个连续变量,这样就可以为这些研究设计出一份完全不同的编码单。花在作业上的时间和成绩的相关研究描述了一组不同于做家庭作业和不做家庭作业比较的问题。这些问题包括:作为样本的学生是如何从大量人群中选取出来的,老师、学生或家长是否报告了学生花在家庭作业上的时间。另外,表 2.1 中的一些类别与花在家庭作业时间上的研究无关,比如报告的两个离散群组的平均数和标准差的部分。

同前面建议的相比,对于不对等控制组和随机分配设计的编码单需要介绍的稍微详细点。当一个不对等控制组和一个与它匹配的程序一起使用时,在区分匹配程序的基础上要求编码者做到:(a)使用相同测量的前测作为因变量,或者(b)与其他的前测变量相关但不等同于因变量(可能与性别、种族群体或社会经济地位[SES]相匹配)。在产生对等组的能力上,这两个程序可能也有所不同,因此,我们可以据此解释研究结果中的差异。一个类似的原因,在做家庭作业和不做家庭作业的条件下,对个别学生或整个班级采取随机分配是研究中编码单上的一个特征。

在表 2.1 中,没有一部分是用来描述控制组是如何处理的。这是因为在这些比较中,所有控制组的处理方式都是相同的——它们根本不会有家庭作业。因此,可以使用一份单独的编码单进行在校监督学习控制组的研究。这些编码单和表2.1很相似,为了与控制组的处理方式相区别,它们里面包含了较多编码。在同样的编码单上对没有处理的研究和监督学习控制的研究进行编码是不可能的。的确,如果编码者打算直接比较研究的结果,使用两种控制组是非常必要的。

必须指出的是,在已经完成的综述中,许多编码单上需求的信息从未最终检查过。除了年级级别之外,有关学生的所有信息都是真的(如社会经济地位、种族群体和能力水平)。有时候,很少有研究报告了感兴趣的变量信息(如学生的社会经济地位)。在其他情况下,我们会发现一些不会随着某一特征值(如众多在公立学校做的研究,少量在私立学校做的研究)的变化而变化的研究,这些研究可以帮助我们进行有效推论。

如前所述,每个编码单都会设计包含一些关于某一单个比较的信息。在一些研究中,报告了许多比较,比如,包括的年级级别不止一个,或者成绩测量也不止一个。当发现这种研究时,编码者就要为每两组比较分别填写编码单。例如,在一项针对五、六年级学生的研究里,如果分别报告了标准化的成绩测量和班级年级的成绩测量,那么就会产生四个与此研究有关的编码单。

问题形成阶段的效度问题

在问题形成过程中,我们已经提到,综述者的一些决策会影响研究综述的效度。其中最核心的两个问题是:变量定义里概念的广度和在研究中搜索基本关系调节量使用的操作细节。

首先,在界定概念时,综述者仅使用了一些操作,这样做的目的是为了确保人们能够对他们界定的概念和可观察到的事件在相关性上达成共识。这种共识是一个非常吸引人的科学目标。然而,大多数方法论者也赞同对概念可以有多重理解。如前所述,如果多重操作产生了相似的结论,对于某些研究结论,许多反驳性的解释可能会被排除。同时,关于结果的概括性和稳定性,狭义概念提供的信息很少。因此,同使用的狭义定义相比,综述中使用的概念定义范围越广,就越有可能得到更具一般性的结论。

之所以强调"可能"一词,是因为对效度的第二种威胁与问题的定义相关。如果综述者对研究操作的细节介绍的过于粗略,那么他们的结论很可能会掩饰研究结果的重要特征。在整个研究中,如果不同的结果由于使用了广泛的分类而被取消,一个错误的结论——研究结果指明的结论中可以忽略的差异就会出现。

当然,如果认为研究检验的是完全不同的假设时,综述者就要特别注意操作细节。但是,很少有综述者能够总结出下面的结论,即由于研究中方法的变化,对文献进行综合是不可能的。因此,大多数综述都包含了一些对效度的威胁,主要是因为它们忽视了研究之间存在的差异。但这种风险在不同综述中的表现程度也不相同。

有时候,在研究相同的变量时,不同的综述者得到的结论也不相同。当发生这种现象时,我们不应该把它称之为一种"效度威胁",是因为在两位综述者中,如果仅凭主观地认为哪位综述者使用的定义更有效,这不能算是一条客观的理由。他们只是对具有相同结构的操作性定义的理解有分歧。很显然,如果一个综述包含了另一综述的所有操作和一些额外操作——如果对操作细节的处理方式也很合适,此综述就是比较理想的综述。在实践中,比较评估可能不会像这些案例一样清晰明了。有时,如果两个综述包含了相同的概念,那么它们就可以互相使用对方所不包括的操作。

保护效度

在问题形成过程中,综述者可以根据下面的准则来保护他们得到的结论的效度,使之免受威胁。

1. 综述者检索文献时,要尽可能使用最广义的概念定义展开搜索。他们应该以一些中心操作为开端进行研究,但也应该随时关注文献中发现的其他相关操作。当遇到可疑的相关操作时,综述者应该做出正确的决策以避免错误操作的发生,至少在研究的最初阶段应该这样。

2. 为了增强概念检索的宽泛性,综述者应该特别注意研究特征之间的区别。在初步分析中,对有关不同的研究结果和研究特征提出的一些建议,综述者应该进行仔细的分析。

练 习

1. 确定两个与相同或相似的假设相关的综合研究综述。哪个研究综述使用了更加广泛的概念定义?有关问题的定义,这两个综述在其他方面还有什么不同?在每个综述中,你认为哪些方面的问题的定义是最有用的?

2. 确定一个概念变量,并列出你所知道的同该变量相关的操作定义。找出一些描述你的相关主题的研究报告。你能发现多少新的操作定义?评估这些概念变量的一致性。

3. 就你感兴趣的某个主题的研究,编制一个初级编码单。找出一些描述相关主题的研究报告。为了适应这些研究,必须对编码单进行怎样的更改?你忽略了哪些?

第3章　文献检索阶段

　　第3章考察了与综述主题相关的文献检索方法,概要论述了文献检索的目的。为了获得研究报告,本章描述了大量的非正式渠道、正式渠道及辅助渠道,并特别说明了研究如何进入这些渠道,搜索者怎样访问这些渠道,这些渠道包含的各种信息存在什么样的差别等问题。

在原始研究中,研究者常常通过向人们提问题或观察他们的行为来搜集数据。在文献综述中,数据搜集通常是与已有主题相关的研究紧密联系在一起的。不管社会科学家们搜集的是新数据,还是综合以往的数据,此阶段最主要的工作在于选择那些能够对研究起参考作用的目标群体(Flower,1993)。在研究中,目标群体由研究者希望描述的一些个体和群体组成。研究者需要列出目标群体的准确范围,但研究者很少能获得这样的列表。因为众多社会科学假设中存在的真实和谬误要受到目标群体的偏好和兴趣的影响(他们的结论指的是谁),所以,如果要进行一般的总体描述,研究者就必须要说明清楚,这一点是十分重要的。

不论是原始研究还是综述研究,对于调查研究的抽样范围,研究者应该将那些能作为样本的个体和群体都涵盖进去,换言之,必须将其囊括到研究中去。在许多情况下,研究者不可能亲自接触到目标群体中的每一个样本,如果这样,代价会比较大,因为一些人不容易找到或者会拒绝调查合作。

社会科学研究的总体特性

原始研究和综述研究之间的相似性。原始研究和综述研究都包括特定的目标群体和抽样范围。此外,这两种调查研究方式都要求研究者考虑目标群体和抽样范围之间的差异。如果抽样范围中的抽样不能代表目标群体,那么任何声称能够代表目标群体的研究,其可信度就要大打折扣,因为改变调查对象比难以找到作为抽样的个人要容易得多。因此,为了完成一项调查研究,原始研究者和综述研究者都需要严格限制或仔细确定目标群体。

原始研究和综述研究之间的差异性。对于社会科学研究,最普遍的目标群体可能会被粗略地定义为"所有人"。当然,众多的分支学科则缺少对样本进行针对性的描述,比如"所有的罪犯们"或者"所有的学生们"。有的研究主题描述的目标群体甚至是特指,比如"所有的强奸犯"或者"所有的中学生"。

在社会科学研究中,可使用的抽样范围比一般的对象要求更加严格和更具代表性。许多社会科学家意识到,在他们期望的研究结果和调查对象的实际可靠性之间存在着一定差距。

如第 1 章所述,综述研究包括两个目标。首先,针对某一问题,综述者希望自己的工作能够涵盖“以前所有的研究”。综述者通过搜集到的文献,也就是他们所选择的信息资源,努力来实现这一目的。就像在原始研究中,使用不同的抽样方法导致的抽样对象各不相同(比如说,电话调查获得的样本就不同于邮件调查取得的样本),使用不同的文献搜索方法得到的研究样本也不相同。同样地,寻找和抽样调查一些人群比其他调查困难得多,发现一些研究比其他的研究也困难得多。接下来的部分将介绍一些帮助综述者搜索文献的方法。

除了想要包含以前所作的研究,综述者还希望他们得出的研究结果适用于对某一主题感兴趣的目标人群。比如,在以往的研究中,一位对家庭作业研究进行综述的研究者希望描述的学生来自所有的年级,而不仅仅是中学生。选择使用的不同类型的抽样人群,将会对原始研究产生重要的影响。也就是说,综述研究包括一个特定的抽样过程。原始研究包含了个体或群体样本以及综述者检索的研究。这个过程和群抽样相类似,它根据的是研究者参与的研究项目来划分人群。

实际上,综述者通常不想从文献中抽出具有代表性的样本。相反,他们希望能够检索到与研究有关的整个样本。虽然这个宏伟的目标很少能够达到,但是与原始研究相比,在一篇综述里这样做的确是更可行的。

检索文献的方法

综述研究者如何发现与一个主题相关的研究?事实上,存在大量的渠道来交流科学信息。过去 20 年间,这些渠道经历了巨大变化。实际上,确切地说,在过去的 20 年里,科学家们相互交流渠道的转变比以前三个世纪的都要大,就像 17 世纪末期学术期刊的首次出现所带来的巨大改变一样。从根本上说,这一变化,是由于电子计算机的使用方便了人类之间的沟通和交流。

这部分介绍了一些主要的信息交流渠道,综述者可以通过它们查找研究。众多的渠道需要搜索者能够精通计算机和互联网。如果读者们对互联网的操作不太熟悉,他们则可以从众多的互联网使用指南中得到咨询和建议(比如,Hahn,1996)。

通过把每一渠道包含的信息内容与"所有相关研究"进行比较,或者是与综述者将会发现的与研究主题相关的整个研究群体进行比较,我们就可以尝试着评估包含在每一渠道中的信息。遗憾的是,在不同的科学信息渠道里,只包含了少许不同的实验数据。因此,对我们而言,大多数的比较中都包含了一些推测。由于一条渠道特征对其内容的影响可能会随着主题的不同而变化,这样就使问题进一步复杂化了。

同时,信息交流方式的激增,使得人们越来越难以找到一些有用的描述,来帮助我们思考这些沟通渠道之间的区别和联系。交流机制在偶然的状态下也会出现,因此,所有的相关描述并不能完全捕捉到全部研究的重要特征。

综述者可以用一些非常有用的特征来描述不同的搜索渠道。研究如何进入这一渠道,是区分科学的沟通渠道的一个重要特征。进入这条渠道可能相对开放或者有限制性规则。开放的渠道允许原始研究者(想在渠道中放入某些东西的人)直接进入这条渠道并引导他(或她)进行信息搜集工作。有限制的渠道需要原始研究者满足第三方的需求——他们和他们研究的使用者之间的个人或单位——在他们的工作开始之前能够进入信息渠道。为了确保研究质量,在这些要求中,最重要的是使用同行评审进行评判。实际上,在进入这些渠道时,所有的渠道都有一些限制,但是在进入方式和严格程度上,不同的渠道之间又有所不同。渠道中的研究与其他所有相关的研究之所以不同,正是因为这些严格的限制标准对其造成了最直接的影响。

搜索者怎样进入这一渠道,是沟通渠道的第二个重要特征。根据搜索者访问内容的不同,渠道或多或少的开放或者有限制性要求。如果要求文献搜索者(在这一渠道中搜寻信息的人)确定想得到哪种文献或者是哪位作者的文献,这条渠道的限制就更多。如果文献搜索者比较宽泛地搜寻所需要的信息，这条渠道就会更开放。可见，不同的搜索需要可能会影响搜索者在某条渠道中发现的研究类别。

最后，渠道可以具有它们所包含的不同研究的各种信息。详细性说明的渠道包含的期刊文章或研究报告比较完整。概括性说明的渠道通常仅包含研究摘要、研究综述、目录信息，或者为了获取完整的报告，也会包含以上的三种信息。

当我描述了它们如何与特定的研究渠道相联系，这些区别的重要性会变得很清晰。为了能说明清楚，我把这些渠道作了如下标题的分类：非正式渠道、正式渠道和辅助渠道。接下来，我将使用家庭作业问题的研究综述作为一个实际案例。

非正式渠道

在调整原始研究者和文献搜索者之间的关系时，非正式沟通渠道的特征是：缺少清晰的规则。

对这类信息没有限制，它们可以通过非正式渠道相互交流，在特殊情况下，没有第三方来充当信息交流的媒介。非正式沟通的五条渠道是：个人联系、恳请信件、传统无形学院、电子无形学院和万维网。我把它们的特征总结在表 3.1 中。

个人联系

综述研究者主要依靠他们自己的研究来获取最直接、可靠的信息。因为在其他人看到研究结果之前，原始研究者已经知道了结果。因此，通过总结我所做的与家庭作业问题有关的研究，我将开始做此项综述（实际上，在我做这项综述之前，没有过多的研究介绍过此问题）。虽然这一点看上去似乎是比较明显的，但确实是一个关键问题。如何把研究文献作为一个整体进行解释，综述者个人实施的原始研究通常可能会过分地强调对其产生的影响（Cooper，1986）。

研究者个人的研究能够和所有相关主题的研究明显区别开来。每一位研究者的研究很可能在重复别人同样的操作，他

表 3.1 检索文献的非正式渠道

渠　道	研究进入的限制	搜索者进入的限制	包括的信息类型
个人联系	搜索者必须知道研究人员	必须联系同事	具有相似的方法和结论的研究
个人恳请	搜索者必须知道研究者的状况	必须有地址联系	与组织偏差相一致的研究
传统的无形学院	研究被著名研究人员所接受	必须联系到核心研究者	具有相似的方法和结论的研究
电子的无形学院	研究人员必须订阅电子列表	必须订阅同样的计算机列表	包含在主题领域内的任何事情
万维网	研究者必须是计算机使用者	必须使用合适的搜索术语	任何事情

们有可能使用的是同样的操作工具、方法或实验参与者。这些变化即使能够在所有的相关研究中很好地描述出来,但是,许多和一个主题领域相关的操作及抽样的变化,在任何特定的实验室可能没有对其进行检查。举家庭作业研究的例子来说,我可能仅仅专门使用老师给出的分数作为衡量学生成绩高低的标准。其他研究者可能会使用课本和标准化测验而不是依据老师给出的分数来衡量学生的成绩。当然,在招募测试者时,研究者通常会选择同样的分组人群,例如在家庭作业研究中,研究者会选择同一学校区域内的学生进行分组。

　　其他的个人联系发生在研究者实验室之外。学生和教授之间经常相互传阅他们发现的共同感兴趣的论文或文章,然后一起讨论并分享心得。一位同事在礼堂里可能偶然看到了某本期刊上有一篇关于家庭作业的文章,并且,他知道我对这个方面研究感兴趣,就会把它推荐给我或者我指导的一个学生。有时候,以前参与研究的读者会指出他们认为与研究主题相关却未能在研究报告中引用的文献。当研究报告已出版,但是它可能出现在部分手稿的审查过程中,这种情况有时就会发生。因此,对于做家庭作业研究综述的研究者来说,按照期刊出版者的建议增加一些综述中没有提及的相关文献是很正常的。当开始做家庭作业研究综述时,我将把这些文献增加到相关研究参考目录中。

一般来说,个人联系是一项受限制的沟通渠道。原始研究者必须知道,文献搜索者采取了哪种方式进行信息交流。为了获取相关的信息,搜索者必须单独指定他们知道的研究者进行信息交流。因此,十分像一位研究者自己的工作,在非正式社会系统中,通过个人联系或者是从朋友、同事们那搜集来的信息,将反映出搜索者的方法或理论偏好。与所有相关的研究相比,通过个人联系获得的研究结果可能是最单一的。所以,在研究综述中,与朋友、同事们的个人联系并不是研究的唯一来源。单靠这些渠道搜索相关文献的研究综述者扮演的角色,就像决定只从他们的朋友中进行抽样的测量员一样。

个人恳请

个人恳请能够减少信息样本的偏差。这些联系包括,搜索者们首先确定可以获得相关研究报告的正式的个体群。

接着,即使搜索者不认识群组里的成员,但是,在获得了群组成员的名单后,他们可以通过信件、电子邮件或电话逐个联系这些成员。在搜索家庭作业的研究时,这种方法体现为三种方式:第一,我把信件邮寄给 25 位教育学院的院长,让他们把研究计划介绍给所在的院系人员,并请求他们把相关的研究邮寄给我。通过这种方式我得到了 7 条富有成效的信息。第二,我把恳请信寄到遍及美国 53 个州的主要教育机关。其中有 36 个州回复了此信,有 6 个州回复了他们州内有关家庭作业的评估结果。最后,我还得到了一份全国学区评估与研究协会发来的研究和评估学区的邮件目录。虽然邮件目录的内容不全都是和研究主题相关,大约有一半的学区还是回复了恳请信,还有 11 个学区提供了家庭作业的研究报告。比如,有些报告评估了家庭作业热线的效果。

传统无形学院

无形学院作为另一种非正式沟通渠道,它受到的限制比个人联系少一点。根据克兰(Crane,1969)所讲,传统无形学院形成的原因是"从事类似问题研究的科学家们彼此之间通常比较熟悉,通过彼此间的交流合作,在某些情况下试图使他们之间的联系更加系统化"(p.335)。通过一种社会计量分析,克兰发现许多无形学院的成员不直接与他人联系,而是与一小部分具有较高影响力的成员联系。根据小组沟通理论,传统无形学院被构造的像轮轴一样,具有重要影响力的研究者处于中心地位,具有较少成就的研究者则处于边缘地位,而线型沟通则主要趋于中心而很少趋于边缘。

传统无形学院的结构特征取决于过去信息在科学家之间的非正式传播,这种传播渠道主要依靠邮件和电话两种媒介。这两种媒介每次只需要两个人就能互相交流信息(尽管多元双向沟通可能平行发生,比如说,大量的邮件),但这两个交流者彼此间必须相互了解、熟悉。对于相互熟悉的研究者群体来说,有影响力的研究者能够作为中心,他们决定了信息的输入和输出。

当开始做家庭作业研究综述时,我没有意识到谁将可能成为无形学院的中心人物。然而,当我从其他渠道搜集信息时,发现从事同一研究的研究者反复出现。有时候,我会偶然遇到相同作者进行的多个研究。通常,参考目录中引用了这些相同研究者的研究。通过这一过程,我列出了一个13人的名单,我想他们可能就是从事家庭作业研究的中心人物。于是,我写信给他们并得到了通过其他渠道无法得到的三项研究报告。

在传统无形学院中,与具有影响力的杰出研究者进行信息交流,是评估这一渠道传播的信息偏差的关键因素。仅通过联系传统无形学院中的核心研究者搜集研究的综述者可能发现,与通过多种来源搜集的研究相比,核心研究者的研究更能得到人们的支持和认可。这是因为初出茅庐的研究者得出的结论可能与传统无形学院中的核心研究者得出的结论相矛盾,所以,前者的研究不太可能进入到这条渠道当中。即使能进入到这条渠道中,他们的研究结果也很难在整个网络得以广泛传播。不确定的研究结果可能导致研究者不再使用网络,而积极参与到无形学院中。同样,因为传统无形学院的参与者彼此之间像一个参照组,比起那些对某一特定问题共同感兴趣的研究者来说,参照组内成员们研究使用的各种各样的操作和测量更加相似。

电子无形学院

传统无形学院至今依然存在,但同时也存在着一种新型的无形学院。随着互联网的出现,维系科学家群体对同一主题感兴趣的信息交流中枢的需要程度已经减少了。原始研究者可以利用互联网同时把相同的信息发送给全世界的同事们,而不用准确地知道接收者是谁。同样,文献搜索者们能在一群他们不认识的人群中寻找到相同的信息。电子无形学院主要是通过使用计算机化的列表管理程序,称之为 listservs、listprocs、Majordomos,或者通过新闻组(newsgroups)实现其操作。通过对电子邮件的自动回复和发布新的消息,这些程序保证了邮件列表始终存在。邮件列表和新闻组之间的区别在于,邮件列表会把材料自动地发送给搜索者,而新闻组则会等待请求再发送。新闻组也要求用户们在使用这一程序之前对它有更多的了解。

虽然是个人作为列表协调者,但在不可调节的邮件列表中,电子计算机常常作为交流中枢,所以与传统无形学院相比,电子邮件列表和新闻组的限制较少。它传播着收到的没有对其内容施加任何限制的交流信息。在可调节的邮件列表中,成员名单可以私人持有,并且准入、内容或二者都将受到筛选,所以这些功能更像传统无形学院。

一旦人们知道了列表存在,通过给他们的主机发送一个简单的命令,任何人都可以加入到邮件列表或新闻组当中。因此,与使用传统无形学院的搜索相比,使用邮件列表或新闻组搜索文献的研究者能获得更多不同类型的研究。但通过邮件列表或新闻组搜索,仍不能涵盖所有相关的研究方法和结果。举例来说,通过使用美国心理学会(APA)教育心理学分会的列表服务器(listserv),我可能会尝试着搜集有关家庭作业的调查研究。用户们使用这一列表,可能会发现能够代表大多数做大规模调查或实验的研究者和少数能够代表做民族志研究的研究者。我也使用户们与美国教育研究学会(AERA)学习与方法分会取得了联系。在这里,民族志研究可能被更好地描绘出来,但是可能对受过特殊教育的学生们缺少系统研究。同时,电子无形学院的发展趋势和传统无形学院不同,它由一小群积极分子所控制。

文献搜索者怎样找到邮件列表或新闻组呢?他们可以在印制的目录(如互联网黄页),互联网目录(如可以通过网页http://www.liszt.com找到李斯特的目录),或者可以通过给列出的列表发送电子邮件指令(如 listerv@ listerv. net)进行查询。通过查询网站 http://n2h2.com/kovacs,我们可以在《电子期刊目录》、《时事通讯和学术讨论组》(研究图书馆协会,1997)或《学术和专业电子会议目录》找到专门的学术邮件列表和新闻组目录。而且,通过浏览一些研究机构的网站,我们也可以发现邮件列表和新闻组。

对家庭作业研究的邮件列表和新闻组,我的搜索结果并不富有成效。我发现家庭作业研究的列表和实际问题有关,而不仅是研究。这些列表侧重于为家庭作业的研究提供帮助或为不同的主题领域提出好的建议。对我而言,使用电子无形学院最好的策略是订阅研究学会(如美国心理学会和美国教育研究学会)的邮件列表。为了家庭作业研究,我给其他用户们发出了一个请求。大多数收到请求的用户可能帮不上什么忙,但是有些用户也许会提供我所感兴趣的信息。另一项策略是创建一个家庭作业研究的列表名录,这一过程可能会花费大量的时间,但一旦建成,收益巨大。

不论是传统无形学院还是电子无形学院,都是暂时性的,都是为了处理特殊问题形成的非正式实体。当问题解决或者关注焦点发生转移时,它们就会消失。尽管具体的无形学院是不定的,但毋庸质疑的是,它们调节了研究者在信息交流上花费的大量时间。

万维网

万维网是一个在电子计算机之间提供链接的系统,它使得在互联网上各网站之间的联系变得简单。提供资源的一种计算机程序,叫做服务器(servers)。被连接到计算机程序并有权使用这些资源的人,叫做客户(clients)。实际信息在服务器和客户之间主要以网站或网页的形式进行交换。任何精通网络技术的人,都能建造网站。但是,其信息进入此系统是有一点限制的。一个有权使用互联网浏览器(可以访问网址的客户程序)的文献搜索者,将特殊网站的网址(被称为统一资源定位器)输入电脑。客户程序就会联系服务器程序,并把网页发送到搜索者的电脑里。

研究综述者使用网络最主要的问题在于发现相关的网站地址。搜索引擎或导航器(navigators)都是指明网站的程序。搜索者在搜索引擎输入一个或一组搜索术语,搜索引擎将会与它的术语索引相比较。接着,搜索引擎会提供给搜索者一个与关键词描述相符的网站列表,主要是因为这个网站网页上的某一个地方通常包含着相关的关键词或词组。

在我们的大学,我可以使用一个和因特网相联系的程序。当启动这一程序,它可以提供若干个搜索引擎供我使用。这些搜索引擎主要包括 Alta、Excite、Infoseek、Lycos、Webcrawler 和 Yahoo。一般的搜索引擎在搜索上有很多相似之处。最重要的是,搜索者可以使用布尔语法操作(Boolean Syntax Operators)来扩展或限制他们的搜索。

使用布尔操作,搜索者可以使用集合论(set theory)来帮助界定搜索检索到的项目。在搜索引擎里输入"家庭作业"这一术语,搜索引擎搜索后可以提供给一个有关此术语的所有网站列表,就可以开始家庭作业研究的搜索了。在往搜索引擎里输入"家庭作业(homework)"和"家庭研究(home study)"进行检索,就可以扩展到包括"家庭研究"这一术语的搜索。在往搜索引擎里同时输入术语"家庭作业"和"研究",就可以把搜索范围限定在与此相关的特定网站上。甚至可以更进一步,检索彼此相邻的关键词("家庭作业"和"研究")或者排除含有其他搜索术语(如含"家庭作业"不含"大学")的网站。

在索引薄中如何编订这些网站的目录,如何使用布尔语法搜索的精确指令,每一个搜索引擎会有所不同。有些搜索引擎使用词语来描述布尔操作,其他的使用符号(比如说" + "和" - ")进行描述。一般的搜索引擎都会提供在线服务来指导使用者学会使用。

万维网的另一个重要方面是使用超文本直接链接网站。许多网站(特别是通过搜索引擎产生的列表)都包含和网站的友情链接。如果这些友情链接以某种方式突出表示出来,即用下划线或某一特定的颜色显示,那么,通过点击这些链接,搜索者就可以直接访问新的页面。提供这些链接的网站,我们通常称之为主页。

有时,使用万维网查找某一特定主题的科学研究,可能会使人感到沮丧或费时,因为有些网站包含了太多与研究无关的信息。另外,研究者们也不习惯把研究报告或摘要直接放到网上。写作本章的那一天,我在网上搜索的有关家庭作业信息的网站有成千上万个。当我输入"家庭作业"和"研究"进行搜索时,网站数量减少到约 100 个。当我输入"家庭作业"、"研究"和"成绩"进行搜索时,网站就只剩下一个了。这个网站上包含了一套以研究为基础的家庭作业练习指南,用以提高学生们的成绩。

为了克服这个问题,搜索者可以使用一个更专业的搜索引擎来检索与社会科学相关的特定网站。一个叫做"社会科学研究引擎"的网站,列出了这些更具专业性的搜索引擎,见 www. carleton. ca/-cmckie/research. html。使用"研究引擎"和"社会科学"一词进行搜索,可以得到列出了这些搜索引擎的网站列表。这些网站列出的搜索引擎列表主要提供给有权使用研究记录册和参考数据库的计算机,这些我将在下面描述。

以上我所列举的万维网查询策略仅仅是众多方法中的一部分。通过实际操作,搜索者对他们有用的资源会更加熟悉,并知道如何进行检索获得相关的材料。

迄今为止所有讨论的渠道都有一个重要特征:在评估它们包含的研究的方法质量时,可能没有经过同行评审。对于两个同事之间相互发送或交谈的信息、电子邮件上的消息或网站上的内容,没有什么限制。因此,与相关研究的汇编相比,通过非正式渠道搜集的研究样本所包含的研究更可能在方法上存在瑕疵。正因为如此,这些研究将永远不会出现在限制性较强的交流渠道中,更加严谨的研究可能会出现在研究期刊上,不会通过无形学院或网络得以传播。

正式渠道

正式沟通渠道有着清晰的规则,原始研究者必须遵循这些规则,并把信息输入到这些渠道内。这些规则通常超出了简单的格式化要求或是计算机者拥有的知识。它们设置了系统承认的限制性条件或信息质量评判标准。正式渠道主要包括四种:专业会议论文报告、个人期刊库、电子期刊和研究报告参考目录。他们的特征总结在表3.2里。

表3.2 检索文献的正式渠道

渠　　道	研究进入的限制	搜索者进入的限制	包括的研究类型
专业会议论文报告	研究必须经过同行评审	必须知道会议	任何学科或者主题领域内的事情
个人期刊库	研究必须经过严格的同行评审	必须订阅或阅读同一期刊	任何分支学科或者主题领域内的事情
电子期刊	列出订阅者或经过同行评审	必须订阅或阅读同一期刊	任何分支科学或者主题领域内的事情
研究报告参考目录	文章的作者必须知道研究	必须订阅或阅读同一期刊	期刊网络内的主要研究

专业会议论文报告

大量的社会科学专业团体,由具有相同职业或共同关注某一问题的人组织起来,这些团体还定期组织年会。通过参加这些会议或查阅参与者提交的论文题目,研究综述者就能够发现其他人在他们的领域中正在做什么研究,最近完成了哪些研究。

与个人联系和传统无形学院相比,通过会议计划发现的研究揭示出研究结果或操作的限制性样本的可能性较小。使用互联网能够发现类似于多样性的可能性较大。与恳请信和互联网搜索相比,在会议或学术会议上介绍的论文经受同行评审的可能性更大,所以它们的方法质量应该更高。

这些会议选择论文的标准,通常不像期刊发表一样严格。与经过同行评审提交给期刊的稿件相比,提交给学术会议的论文被接受的几率更大。同样,研究者把论文提交给会议委员会,委员会评审后提出的建议也不是非常详细。最后,一些研究者接受了会议组织者的邀请并提交了论文。这些论文并不是从写作质量的角度来评审。从积极的角度看,提交给会议的论文比期刊文章可能更容易被接受,主要是因为研究者在写好可以发表的稿件之前,可能提交了论文。而从提交稿件到印刷成册,期刊的滞后性往往较长。

就家庭作业研究综述来讲,我查阅了美国教育研究学会近几年的会议计划,虽然没有发现比较新颖的研究,但是并不意味着这条渠道对其他搜索没有价值;大约有10%的研究正是通过专业会议提交的(Cooper,Deneve,& Charlton,1997)。我也查阅了地方教育协会的会议论文。

个人期刊库

综述者通过查阅他们自己订阅的期刊,或查阅他们单位图书馆订阅的需要定期查看的期刊,就能够获悉某一主题领域的研究状况。纸质期刊来自于正式的科学交流系统的中心。他们是原始研究者和研究综述者之间的传统链接。

《全国学术交流咨询报告》(1979)发现:在一些社会科学学科内,平均每一位学者大约浏览七种期刊,定期浏览四种或五种其他期刊。众多学者说他们每周要花费10到12个小时阅读学术书籍或期刊。这些材料大部分是他们自己订阅的。金、迈克唐纳和罗德罗(King,McDonald,& Roderer,1981)调查了积极活跃的科学研究者,发现他们阅读的文章中有69%来源于个人的期刊副本。

把个人期刊库作为研究的唯一或主要来源进行搜索,往往存在一些严重的偏差。因为和研究相关的期刊数量一般远远超过单个科学家例行翻阅的期刊量。早在1971年,加维和格

里菲思就指出:通过个人阅读和订阅期刊,学者们已经丧失了
与他们的专业相关的所有信息保持齐头并进的能力。

如果每位科学家阅读的期刊是所有可用期刊的一个随机
样本,信息超载将不会是一个严重问题。然而,科学家倾向于
阅读期刊网中的期刊(Xhignesse & Osgood,1967)。这些期刊
网由少量期刊组成,它们更多引用的是在其他网络期刊中发表
的研究。

假设个人期刊库可能包括同样网络的期刊,人们发现一些
与网络成员有关的偏差就不会让人奇怪了。正如个人联系和
无形学院,与一个主题领域内所有可用的研究相比,人们期望
在一个特定期刊网内的研究成果和操作的同质性更强。

使用个人期刊库作为信息的来源就在于它的可访问性。
对于参照组,当综述者希望了解这一工作,它的内容应该是可
信的。应该使用个人期刊库为综述查找研究,但它们不应是获
得信息的唯一来源。

同行评审和发表偏倚

在决定一份特定的研究报告是否可以发表时,大多数纸质
期刊使用了同行评审进行评定。期刊编辑将报告送给评审者,
由他们来判断该研究是否合适发表。评审者使用的主要评判
标准是研究的方法质量。一方面,他们在寻找方法上的瑕疵,
因为这可能会对研究者的推论产生威胁。另一方面,他们也在
寻找防止推论错误的保护措施。

科学、严谨的研究并不是决定研究是否发表的唯一标准。
很显然,发表的研究在统计显著性结果上是偏倚的,如果概率
$P < 0.05$,在研究结果中就将拒绝此类的虚无假设。这种偏倚
往往出现在评审者和原始研究者共同所作的决定中。

阿特金森、弗隆和瓦帕尔德(Atkinson, Furlong, & Wam-
pold,1982)做了一项研究,他们向顾问编辑索要了两篇美国心
理学会的辅导心理学期刊来评审稿件。除了假设关系是否是
统计显著的因素之外,稿件的所有方面都是相同的。他们发
现,与没有显著性结论的稿件相比,有显著性结论的稿件获得
推荐发表的机会要比前者多两倍。进一步来说,即使在方法相

同的情况下,与没有显著性结论的稿件相比,有统计显著性结论稿件的研究设计要比前者好。

原始研究者也容易受到虚无假设偏见的影响。格林沃尔德(Greenwald,1975)发现:研究者声称他们倾向于提交的用于发表的,并具有显著性结果的研究大约占60%。但是,研究者宣称,如果研究的结论不能拒绝虚无假设,他们提交的用于发表的研究仅占6%。通过分析研究者的实际决定,库珀等(Cooper et al.,1997)发现,大约有74%的研究者提交了用于发表且具有显著性结果的研究,而仅有5%的研究者提交了没有显著性结果的研究。研究者打算不提交没有显著性结果的研究可能是因为:他们认为,与有显著性结果的研究相比,人们对没有显著性结果的研究不感兴趣;他们还可能认为期刊编辑们更有可能会拒绝虚无结果的研究。

对虚无假设的偏见并不是影响研究结果发表偏倚的唯一来源。多年以前,我们就知道,如果研究者的研究结果与当时的主流观点相矛盾,那么他们提交的研究结果就不易于发表。反之,如果研究者的研究结果和主流观点一致,则他们提交的研究结果就易于发表(Nunnally,1960)。同样地,期刊评审者更喜欢支持传统观念的研究,而不喜欢与传统观念相悖逆的研究。布拉德利(Bradeley,1981)的报告指出,通过邮递问卷形式的调查发现,76%的大学教授声称他们遇到了一些压力,即他们的研究要符合评审者的主观偏好。这些现象被称为集体确认偏差。

在与所有相关研究里发现的差异性相比,发表的显著性标准确保了研究里的大量群组的关系和差异性要比前者大。贝格和柏林(Begg & Berlin,1988)对虚无假设偏见的统计特征进行了详尽描述。利普西和威尔逊(Lipesy & Wilson,1993)经过实证研究证实了发表偏倚。他们考察了92个元分析,这些元分析展示了在公布和未公布的研究报告中发现的有关处理效应的单独估计数。其中,已经公布的估计数比未公布的估计数大约多三分之一。

对虚无假设的偏见和确认偏差意味着,除非综述者能非常确定这些所谓的偏倚在特定主题领域是不存在的,否则,经同行评审的期刊文章不应该作为一篇研究综述的唯一信息来源。对于家庭作业研究综述,我的个人期刊库包括了用于查阅相关研究的五种期刊,它们是:《美国教育研究》、《教育心理学家》、《小学杂志》、《教育心理学杂志》和《实验教育杂志》。

电子期刊

电子期刊使用了计算机储存介质,比如互联网计算机服务器或压缩盘——只读存储(CD-ROM)技术,传播并存档了学术性研究报告的整个文本(参见:Schauder,1994,对电子期刊历史的完整描述)。有些期刊以纸质和电子版的形式同时出现。其他的期刊要不完全是纸质的,要不完全是电子版的。

电子期刊和纸质期刊的区别主要表现在两个方面:第一,许多电子期刊不使用同行评审程序。对综述者来说,知道哪些电子期刊是经评审提交的文章,哪些电子期刊是不经评审提交的文章是至关重要的,这样他们就可以评估电子期刊里研究方法的严谨程度和出现发表偏倚的可能性。第二,与纸质期刊相比,电子期刊发表文章的滞后性比较短。随着电子计算机技术的不断发展,存储容量不断扩大,电子期刊使用起来既经济又方便。所以,与纸质期刊相比,读者们能较快地阅读到在电子期刊上发表的文章。

通过网站 http://www.edoc.com/ejournal,搜索者就能够查找到网络虚拟图书馆的电子期刊。在这个虚拟图书馆里,电子期刊的类别是"学术和评审期刊"。根据是否经过同行评审、学生评审或未经评审,在这种分类中能够发现科学、技术和医学类电子期刊的列表。在恰当的命令行上键入描述符,搜索者就能够进入虚拟图书馆。我的关于教育电子期刊的搜索,列出了服务器所知道的和教育有关的所有电子期刊的标题(始终在增加新的材料)。通过点击任一给出的电子期刊标题,搜索者就能够浏览该电子期刊的网页。

搜索教育电子期刊时,我发现了《教育政策分析丛刊》。它始于 1993 年,是由亚利桑那州立大学教育学院发行,并由同行评审的电子期刊。这种电子期刊的主页被描述在图 3.1 中。在主页右边的八个框中的任何一个框,都可以和资料相链接并进行连续搜索。另一种刊名为《教育研究与展望》的电子期刊，发行已经超过 40 年，不论是电子版还是纸制版，同样让人觉得是值得信赖的。这两种电子期刊都允许进入他们的文档，但是在搜索策略上，他们的复杂程度不同。这两种期刊都不包含和家庭作业效果相关的研究。

教育政策分析丛刊(EPAA)

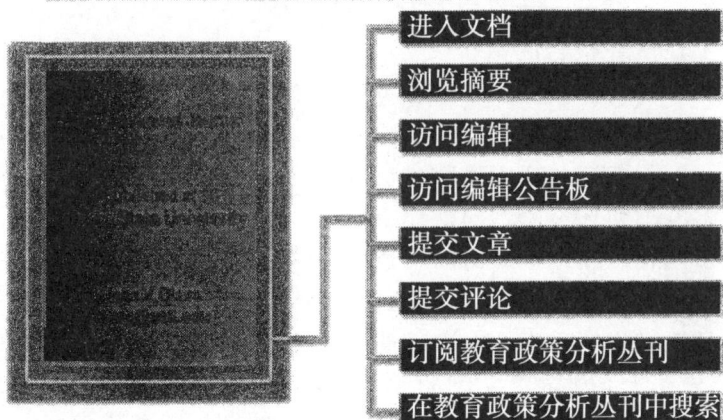

进入文档

浏览摘要

访问编辑

访问编辑公告板

提交文章

提交评论

订阅教育政策分析丛刊

在教育政策分析丛刊中搜索

EPAA是一个提供信息检索选择的网站　　你是EPPA自1995年12月1日来第75182位访问者　　信用

文档 | 摘要 | 编辑 | 公告板 | 提交 | 评论 | 订阅 | 搜索

图3.1　教育政策分析丛刊主页

资料来源:http://olam.ed.asu.edu/epaa/

研究报告参考目录

另一种搜索方法有时称为祖系参照法（the ancestry approach）。对搜索者来说，它涉及搜索者查阅他们已经获得的研究报告，并用来观察研究报告中是否包含着尚未可知的参考文献。搜索者可以根据对问题和研究的相关程度做出判断进入参考目录。如果与研究相关，搜索者可以检索到摘要或整个报告。为了更好地指导研究，搜索者需要仔细分析这些报告的参考目录。经过反复分析，直到重要概念消失或他们判断研究已经过时并变得陈旧,搜索者就会查找新的参考目录并开始新的研究。

然而,报告的参考文献很少能列出相关研究的全部文献列表。相反,它们的目的是提供能够解释新的原始研究的背景资料。此外,期刊文章参考目录可能只列出了在网络期刊中具有代表性的研究。

总地来说,如果有人查阅一篇期刊文章的参考文献,会发现大约有三分之一引用的是在相同期刊中出现的他人的研究,大约有三分之一引用的是相同网络中其他的期刊(Xhignesse & Osgood,1967)。为了形成他们的个人图书馆或参照组,在任一研究报告中,原始研究者将倾向于通过同一途径或小组途径来引用别人的有效研究。因此,与所有相关研究中出现的研究相比,搜索者期望通过报告参考目录得到的研究更具同质性。同时,搜索的参考目录列出的多是发表过的研究,因为同未发表的研究相比,发表过的研究更容易查找到。

虽然报告中的参考目录不应该作为查找研究的唯一手段,但它们通常是获取相关研究的一种丰富来源。尽管我不能准确说明其数量,但通过查阅报告的参考目录,我发现了许多家庭作业研究的文章。

辅助渠道

辅助渠道提供了有关原始研究的文献信息,有的辅助渠道甚至包含了文献。这种渠道由第三方构成,主要是能明确提供给文献搜索者一个与主题相关的相对全面的研究列表。它主要提供给研究者现存和前人累积的各种原始数据信息。从此种意义上讲,这也是它与因特网搜索、报告参考文献的区别所在。我把主要的辅助渠道概括在表 3.3 中,包括参考书目、研究记录册、参考数据库和引用索引。

表3.3　检索文献的辅助渠道

渠　　道	研究进入的限制	搜索者进入的限制	包括的研究类型
研究参考书目	编辑者必须知道研究	必须知道参考书目	主要出版的;最近的研究缺失
预期的研究记录册	编辑者必须知道研究	必须知道记录册	大规模,资助研究
参考数据库	研究必须包括来源	必须使用合适的搜索术语	主要出版的;最近的研究缺失
引用索引	研究必须引用出版物	必须知道研究中引用的文章	主要出版的研究;最近的研究缺失

研究参考书目

　　研究参考书目是非评估性的书籍或文章题目的列表,通常与一个特定的主题领域相关。参考书目主要由一个特定研究领域内的单个科学家或个别团体提供,而非由一个正式组织提供。有时,在研究过程中,我们可能还会发现参考书目的目录。全国科研情报研究服务委员会公布了一种作为心理学方面的参考书目的目录,列出的参考书目超过了2 000种。

　　另一种形式的参考书目是以往研究综述者提供的参考目录。很显然,这些是获得相关研究特别丰富的来源。可是,搜索者却不应该假定以前综述的研究成果是建立在所有相关研究的基础上。对于家庭作业综述,我检查了9个以往综述的参考目录,计算了每一对综述里出现的研究重叠部分的数量。我发现在多数研究中,任意两篇论文共同使用的参考书目不到一半。

　　对于综述研究者来说,使用别人准备的参考书目能够为研究节省大量时间。但问题是,众多参考书目所列的文献可能比研究者的兴趣范围更加广泛,并且可能含有某些偏好。所以,大量最新研究的参考书目需要不断更新。其他搜索者查询后得到的综合目录也能给研究综述者带来较大帮助。另外,为了获得信息,编辑人员已经花费了大量时间,参考书目中产生的偏差可能会与综述者个人搜索中存在的偏差相抵消。

政府文件

与参考书目有关,政府系统自己出版的文件是一个自成一体的信息检索系统。如果搜索者没有打算使用该系统,就可能会错过使用它。

政府文件可以分为很多种,其中,与我们当前研究联系最紧密的被称为研究文件专家。大多数政府文件由政府印务局(GPO)或全国技术情报服务局(NTIS)负责编印,或二者共同编印。除了纸质的外,政府印务局出版的《目录月刊》还可以通过电脑搜索。《目录月刊》指明了政府印务局的最新出版品。全国技术情报服务局的数据库也可以在线搜索。当前存在的一个问题是:许多政府机构开始把它们的文件直接在网上公布,而不是将这些文件的目录编入政府印务局或全国技术情报服务局的索引中。

对于第一次进入政府文件"迷宫"的新手来说,《美国政府出版指南》是最好的"出发点"。该指南不仅描述了文件本身,也对政府文件的出版机构作了描述。

除联邦政府的文件外,较大的研究图书馆、州政府和地方政府发行的文件也是可用的。

前瞻性研究记录册

研究记录册是关注于某一共同特征的研究数据库,比如主题、资金来源或设计(见 Dickerson,1994,对研究记录册的全面介绍)。前瞻性研究记录册比较独特,因为它不仅试图包括已经完成的研究,而且还包括在计划层面或仍在进行中的研究。例如,前瞻性研究记录册可能包括了最近已获得政府资金支持的研究信息,或者最近获得批准的"以人为主题"的研究信息。

根据搜索者的观点,确定一个与研究有关的研究记录册,它可以提供正在进行的和未发表的研究,并且这些研究没有经过个人联系的筛选。与恳请信及网络资源得到的信息相比,通过这类方法得到的信息和前者没什么不同。但研究记录册更关注内容,比其他渠道更易使用。研究记录册记录的内容可能也更加全面、详尽。

显然,对文献搜索者而言,记录册的全面性是最重要的。因此,对搜索者而言,确定以下两个方面至关重要:(a) 记录册存在的时间,(b) 如何将研究囊括进记录册。

目前,较之社会科学领域,研究记录册在医学领域的应用更加普遍。然而,一些政府人士提供的参考书目也被用作研究记录册。例如,通过一个相对简单的网上搜索,就可以发现目前美国教育部拨款的研究津贴项目清单。通过这个清单可以发现有关家庭作业的研究,然后我就可以联系其中的任何一位项目资助者,询问他们是否取得了某些研究成果。

参考数据库

最后,对研究综述者而言,参考数据库可能是最丰富的信息来源。这些索引和摘要服务是由与社会科学领域有关的个人、公共组织所维系。索引或摘要服务主要关注了一些特定类型的文献(如期刊文章和学位论文)或主题领域,这些工作的范围主要是大量精确的文献输出。在这样的系统中,主要输出的文献多数是作为参考的。当然,全文数据库正变得越来越普遍。在不久的将来,它会成为一种使用标准。

参考数据库虽然是极好的研究来源,但仍然存在着一定的局限性。第一,当完成了一项研究并且当它出现在系统中时,两者之间存在着一个长时间的滞后性。一项研究,首先要得详细写作、提交以及被主要的文献输出所接受,然后确定编入参考数据库。第二,以主题或学科为限制依据的话,对系统里包含的信息,每个数据库都有一些限制。例如,心理学文摘数据库(PsycINFO)就只包括与心理学有关的期刊(尽管 psycINFO 对心理学方面的描述非常全面),而教育资源信息中心(ERIC)对教育方面期刊的覆盖则非常全面。因此,如果一位综述者对交叉学科的主题感兴趣,那他就需要进入几个参考数据库进行查询。第三,一些参考数据库只涵盖了发表的研究或者是其他没有发表的研究(如学位论文文摘)。

第四,仅仅依赖于参考数据库进行搜索还不够全面、彻底,往往存在一定的局限性,这不是因为它们包含的内容怎样,而在于搜索者如何搜索。即使一个数据库里存在和某一主题相关的非常完整的期刊资源,搜索者也想从中找到与之相关的每篇文章,但他们不一定能以某种方式完整地描述出他们所要搜索的主题。这种搜索没有能力"收回"所有想要的信息。就像在网络上搜索一样,搜索者必须将与研究有关的检索项具体化,这样才能够进入数据库。一旦研究者忽视或省略他们感兴趣的、可以应用到实际搜索中的检索项目,就很有可能错过可使用的文章。

家庭作业研究的搜索多数使用的是辅助渠道。对心理学文摘数据库和教育资源信息中心的研究进行搜索之后,尽管我知道没有参考书目或研究记录册专门讨论家庭作业问题,但我还是搜索了《美国政府印制的目录月刊》和全国技术情报服务局的数据库。这两个参考数据库里有许多描述家庭作业研究的文献,这些相关文献还会提供非常好的背景信息。政府数据库提供了近 48 种文件,而这些文献是参考数据库无法提供的。

引文索引

引文索引是参考数据库的一种独特形式。它可以确定最近发表的所有文章并对其进行分类,这些新发表的文章参考(或引用)了早先相同的出版物。通过这种方式,早期的出版物成为当前文章的索引项。同使用研究报告参考目录相比,引文索引使用的是降序方式(descendency approach)来寻找文章的后续者,而前者查询的是文章的首创者。三大引文索引分别是社会科学引文索引(SSCI)、科学引文索引(SCI)、艺术和人文引文索引(the Arts and Humanities Citation Index)。这三大引文索引均由美国科学信息研究所编制。

举个例子,我们会很清楚地了解引文搜索策略。在家庭作业研究的搜索之初,我可能已经知道一个重要的、著名的研究,而且,这项研究很有可能会被后来大多数与家庭作业主题相关的研究所引用。了解了这点之后,就可以进入引文索引查找参考文献。索引会列出一定时期内包含的所有引用过早期研究的全部文章。这些文章会按照作者、来源、发表日期列出。然后,我查看了近期的文章,看它们是否包含了能够在我的综述中使用的结论。我可能会不断使用这一策略获取所需的一些不同重要的文章。

因为无法确定真正地中心出版物,这种策略在家庭作业研究中没有使用,但是,使用 SSCI 搜索对强奸态度的个体差异的研究,取得了良好效果。在研究中,确定了五种对强奸态度的测量,并且出现的相关文章都被存到了引文索引中。综述者发现了 545 个引用了这五种测量的研究并分析了它们的摘要,用来判断这些研究是否与个体差异的研究有关。

尽管引文索引限制查看发表研究、出版期刊和书籍的参考文献。但是,引文索引覆盖的研究类别还是非常详尽的。同时,近期的出版物不会马上出现在引文索引中,因为将这些出版物分类编入引文索引中需要一定的时间。

使用参考数据库检索

这一部分详细介绍了如何进行参考数据库的搜索。其实,对于社会科学家们如何使用图书馆,已经介绍了很多方法和指南。其中最有名的是《图书馆使用:心理学手册》一书,它是由美国心理学协会(Reed & Baxter,1992)主办。还有《教育者信息高速公路》(Wehmeyer,1995)一书。这些书深入探讨了在随后章节中介绍的文献检索问题。同时,零售商和参考数据库出版商提供了现成的、详细的使用说明。

各大研究图书馆都提供可信的参考数据库。图书馆参考咨询员会帮助初次使用者更准确地找到与他们研究有关的最合适的数据库。同时,他们也会提供可能需要的、进入数据库的指导性建议。图书馆里参考数据库的媒介是多样的。许多数据库不止有一种媒介。

最古老的媒介是印刷品。研究图书馆里有成排成行的论文和缩微胶片数据库。搜索者必须进入图书馆才能使用这些论文和缩微胶片数据库。同时,搜索者通过使用印刷索引进行搜索,而不是直接进入印刷数据库。这些印刷索引可以指出,在文献卷册或胶片文件中,哪些信息会引起搜索者的兴趣。对于许多参考数据库而言,印刷索引正逐渐的退出,印刷的卷册也是如此。

参考数据库也有光盘(CD-ROM)格式。在这种形式下,电脑光盘可以用来存贮和检索索引、参考书目、摘要甚至是全文文献。光盘技术逐渐用来存贮更小、更专业的参考数据库。大学和其他研究机构可以购买光盘数据库的"使用权"。参考数据库供应商会定期的,每月、每季度、每半年更新电脑盘。压缩盘通常固定于某一电脑工作室,但是这些盘可以在本地电脑的网络中使用。值得一提的是,部分图书馆参考数据包含一个"电脑储备库",存储着不同的参考数据库。

最后,参考数据库也可以通过拨打商务服务电话在线使用,或者通过网络直接使用。如果计算机用户拥有调制解调器,也愿意支付当地电话、系统进入和所耗时间的费用,他们就可以享用所有的这些服务。一些在线服务以统一的费用出租给了一些网点,比如说大学,在公寓里使用是免费的。研究机构让这些服务面向申请者(和学生)使用,服务通常是免费的。申请者和学生可以在家里、办公室或教室凭借必要的软件进入参考数据库。因此,拥有了在线服务,搜索者不需要亲自去图书馆进入参考数据库,但是,如果数据库中没有完整文本的话,他们还是不得不去图书馆查找所需要的文献。在线参考数据库也是定期更新的,有时比光盘参考数据库更新的更加频繁。

对搜索者而言,如何操作电脑进入光盘或在线参考数据库,没有必要了解更多。大多数商务服务都有步骤式、菜单式的操作指示,这些操作指示让搜索变得更加容易使用。研究图书馆雇佣了受过专业训练的人员来指导搜索者搜索或帮助他们了解搜索过程。特别是当搜索者告诉图书馆管理员感兴趣的话题,甚至是跟研究有关的词组、同义词组和相关词组,图书馆管理员和搜索者便可以在词库(无论是打印还是在网上)中浏览。这样,就可以找出研究者可能没有考虑过的词组。图书馆管理员也会要求搜索者提供他们想检索的文献的实例。这些都有益于检索到所需的资料。

针对家庭作业研究进行参考数据库的在线搜索。首先,用鼠标箭头点击电脑屏幕上适当的图标。这一图标与我们大学提供的在线搜索服务软件包相连。电脑会自动联系到在线服务。这样会马上得知最新更新的参考数据库。再点击下图标，就可以得到所有数据库的清单。每个数据库在明显的地方都简单介绍了其基本内容，既包括所涉及的学科，又包括收录的日期。第三次点击下，开始检索数据库，这样就开始搜索了。

参考数据库案例

接下来，我们对一些参考数据库的服务做一简单介绍。这里我所选的都是在社会科学和行为科学领域使用最频繁的数据库。

心理学文摘数据库

在行为科学领域中，搜索者最常使用是能提供索引和摘要服务的心理学文摘数据库(PsycINFO)。这个数据库里储存的记录超过100多万条。这些记录涉及与心理学及相关领域有关的各种文献。事实上，PsycINFO 包括一系列的产品，有印刷品、光盘和在线媒介。这些产品的特征总结在表 3.4 里。关于 PsycINFO 的详细信息还可以通过其主页 http://www.apa.org 进行查询。

从 1967 年至今，PsycINFO 都是值得我们信赖的在线搜索资源。有时，有些搜索者可能对老一点的文献感兴趣，这些文献可以在印制的《心理学文摘》中检索到。

然而，就近期的资料而言，计算机化的数据库更新的更快一些。因为它可以直接将文章索引输进电脑存贮，然后再印刷成册。

继续以家庭作业研究为例，一旦通过在线服务进入 PsycINFO 数据库，屏幕上就会出现一个框，当我输入搜索术语，柱型的分类栏也会出现在屏幕上，用来显示搜索的统计结果。当我在输入框输入"家庭作业"时，屏幕上会跳出另外一个框告诉我们"家庭作业"是个有效的主题标题。然后，电脑会询问我是否想看有关"家庭作业"这一术语的所有记录，还是仅看一些把家庭作业认为是某些文章的关注点或要点的记录。为了确定这样的选择对我的研究有怎样的影响，我输入"家庭作业"，首先具体列出了所有的记录。我发现有关家庭作业术

表 3.4 PsysINFO 机构产品的比较

	PsysINFO	PsycLIT	心理学文摘
形式	在线或机构出租	光盘(压缩盘)	印刷体
范围	期刊 技术报告 学位论文 书的章节 书籍	期刊 书的章节 书籍	期刊 技术报告 书的章节 书籍
有效日期	1967 年至今	期刊: 　1974 年至今 书籍:1987 年至今	1927 年至今
更新频率	月刊	季刊	月刊
语言	所有语言	期刊: 　所有语言 书的章节和书籍: 　英文	仅有英文 (1988 年至今)
可用性	商务在线服务: 　数据之星奥维 　德在线 　健康之门 　租借机构	订阅: 　白羊座系统 公司 EBSCO 出版社 国家信息服务 　公司(NISC) 奥维德技术 银盘信息	从 APA 订阅

注:获得更多的信息,请联系 PsycINFO 使用服务 1-800-374-2722 或 202-336-5650。

a:书籍章节和记录只适用于一些在线系统。

语的记录有 148 条(显示为第一行)。接着,再次输入家庭作业,要求仅将家庭作业作为主搜索词搜索的记录有 125 条(显示为第二行)。我决定仅使用关注家庭作业的记录继续进行搜索。

　　接下来,在输入框输入"学校",重叠框立即显示并告诉我这也是一个主题标题。输入框还会告诉我关于该词的其他信息,包括作为主题标题输入词库的日期以及我可能想在搜索中使用的所建议的相关术语,如"大学"和"高等教育"。这时,计算机会要求我决定是否以学校为主题标题、指定的数据库供应商和出现在记录任何一处文本中的词或文字进行搜索。我选择将学校作为文本中的词来进行搜索。一会儿，在分类栏第三行出现了 107 355 条包括了"学校"这个词的记录。

随后，在输入框输入指令"2 not 3"，从而可以计算出以"家庭作业"为主要关注点的记录数，但是这些记录不含"学校"这个词。第四行显示了 118 条符合要求的记录。在屏幕的底端有许多选项，其中有一个"浏览图标"，点击这个图标，与我搜索相关的文献会立即出现在第四行。首先列出的是每个记录的书目信息和机构信息，如有必要，可以改变一下表示方式，来归纳文献摘要的信息。接着，我就可以滚动选择这些强调的记录的目录，标出想要保存和打印的记录。

当我选择打印选项时，计算机先会询问在强调的记录中选择怎样的信息（在数据库中称为"领域"）和版式来打印。选择这些选项之后，打印机就会把搜索结果打印出来。整个流程所花费的时间不超过半个小时。

教育资源信息中心

教育资源信息中心（简称 ERIC）里面有大量的信息，这些信息既适用于从事于教育领域或学习过程中的工作者，又适用于该领域的研究者。ERIC 系统主要通过 16 个资料交换中心来搜集、筛选、组织和传播文献。每个资料交换中心主要关注了教育的某一方面（如成人教育、阅读和科学教育）。ERIC 由美国教育部创办和维系。它里面包括的资料甚至可以追溯到 1966 年。

ERIC 出版了两本印刷指南介绍其内容。第一本指南是《最新教育刊物论文索引》(*Current Index to Journals in Education*，简称 CIJE)。它提供了一份目录，主要涵盖了教育及其相关的期刊文献。第二本指南是《教育资源》(*Resources in Education*，简称 RIE)。它提供了已完成研究报告的摘要和其他有教育意义的文献。这两本指南的目录都是按照主题、作者、机构来源、出版类别（如书籍和会议文献）及文献的其他特点编入索引的。

在 ERIC 系统中,存于 RIE 中的多数文献都可以完整检索到。所有存储于缩微胶片上的文献都可以在主要的研究图书馆中找到。将缩微胶片幻灯片放入阅读器中,我们就可看到完整大小的文献,然后,影印放大了的缩微胶片,就可以得到该文献的复制本。从 1996 年 1 月至今,ERIC 的文献都有电子版,或者搜索者可以联系 ERIC 文献复制服务中心获得复制本。

进入 CIJE 的方法跟进入 RIE 的一样,但是需要分别来搜索这两本指南。在 CIJE 里,确定相关的研究之后,搜索者必须找到包含全部文献的期刊。ERIC 索引同样可以通过光盘和在线媒介进行检索。与印制目录相比,在综合 RIE 和 CIJE 这两个数据库,进行相同的期刊和缩微胶片搜索时,这些方法被认为使用起来要容易得多、快得多。搜索者可以登录网站 http://www.aspensys.com/eric2/welcom.html,了解所有的 ERIC 信息服务的基本信息。

我打印出 PsycINFO 搜索的结果之后,又使用 ERIC 数据库进行了一项相似的搜索。这一次,我会增加一个步骤——使用显示在屏幕底端的"限制按钮"。例如,在 ERIC 数据库中,将家庭作业作为关键词进行搜索,会得到 460 个结果。然后,点击"限制按钮",屏幕上就会出现一系列关于设置限制的选项。我可以把搜索范围仅限于 RIE 或 CIJE 记录中,也可以限制为一种具体的语言、最近更新的记录、具体的教育程度、明确的出版年限、出版类别或者是详尽的 ERIC 资料交换中心中的记录。我把搜索范围的受教育程度限制在大学水平以下。通过使用这项命令,搜的结果减少到 322 个。

表3.5 展示的是在我的办公室电脑上打印的搜索到的一个 ERIC 文献的记录。

大多数记录领域本身就非常清楚。记录的登记编号告诉我该文献在 ERIC 中的位置。例如,当地信息则会告诉我可以在密苏里大学的健康科学图书馆里找到《学习障碍杂志》。

国际学位论文摘要

虽然许多参考数据库中都包含了学位论文摘要,但《国际学位论文摘要》(*Dissertation Abstracts International*,简称 DAI)则专门关注了这种类别的文献。不论是印刷版本还是被称为《在线学位论文摘要》(*Dissertation Abstracts Online*,简称 DAO)的电子版本,都有可追溯到 1861 年的文献记录。电子版中保存着从 1962 年至今的硕士论文摘要。DAI 和 DAO 数据库,涉及的范围非常广泛,不管是什么学科的论文摘要都包含在里面。

表 3.5 ERIC 系统中文献记录的一份文件案例

Example of a Document Record in the ERIC System

<1>
Accession Number
EJ491145
Authors
Cooper, Harris. Nye, Barbara.
Title
Homework for Students With Learning Disabilities: The Implications of Research for Policy and Practice.
Source
Journal of Learning Disabilities. v27 n8 p470-79 Oct 1994.
Local Messages
Owned by MU HSL.
ERIC Subject Headings

Assignments	*Parent Participation
Elementary Secondary Education	Parent School Relationship
*Homework	Parent Student Relationship
*Learning Disabilities	*Teacher Role
Models	Teaching Methods

Abstract
A review of the literature on effects of homework for students with and without disabilities offers a homework process model, and suggests that homework policies and practices for students with learning disabilities should emphasize: simple, short assignments; careful monitoring by and prominent rewards from teachers; and parental involvement to provide structure, conducive environments, and immediate rewards. (Author/DB)
Publication Type
JOURNAL ARTICLES. INFORMATION ANALYSES (State-of-the-Art Papers, Research Summaries, Reviews of the Literature on a Topic). VIEWPOINTS (Opinion Papers, Position Papers, Essays, etc.).
Document Delivery
Available from: UMI.
ISSN
0022-2194
Language
English
Clearinghouse Code
Handicapped and Gifted Children.
Entry Month
9502

DAI 和 DAO 里面的资料依据文章的作者、题目及摘要的关键词编入索引中。编制索引的人不会在每篇论文里都注明描述性术语,相反,一篇学位论文会出现在 DAI 印制的主题词索引中,主要是因为该论文题目中包含着关键词。同时,若论文是在大学期间完成,大多数图书馆都会保存这些论文的纸质本和缩微胶卷的复制本。因此,若是发现了相关的论文摘要,通常可以通过馆际互借业务联系到存有该论文的大学,以获得完整论文的复制本。或者,搜索者可以通过美国密歇根大学安娜堡分校的国际大学微缩胶卷公司(UMI)购买复制本。(与 UMI 公司签订协议的大学不会通过馆际互借向外借阅学位论文)

虽然 DAI 和 DAO 涉及的范围特别广,但在搜索方面可能还会有一些限制。例如,当我们开始在 DAO 中搜索以"家庭作业"为关键词的文献记录,会发现 837 个结果。但是,DAO 允许搜索者将范围缩小到某一文件类型上(只是博士论文或硕士论文),或是那些有摘要的文献记录(相对于仅有一个题目的记录),或是数据库中最近更新的文献,或是缩小到某一两种语言,或是具体年份的文献。因而,当我把搜索范围限制到英语记录时,就少了 7 个记录。当我继续输入"非中等教育之后(not postsecondary)"和"不是大学"的指令时,相关的文献数量只有 689 个。最后,当我们把搜索限定到 1966 年或以后出版的博士论文上时,还剩 675 个记录。然后,浏览这些记录的题目和摘要,将我感兴趣的文献标上记号并打印出来,就像我使用 PsycINFO 和 ERIC 搜索的操作一样。

社会科学引文索引

就引文索引的特点而言,社会科学引文索引(简称 SSCI)最为显著的特点是涉及社会科学范围广泛。SSCI 从超过 1 500 多种期刊中检索信息,而这些期刊涉及 50 个不同的社会科学学科。SSCI 还选择性地收录了将近 6 000 种其他期刊,这些期刊或是与社会科学有关,或无关。这样,SSCI 每年搜集的新的期刊文章就超过 13 万篇。就印制的文献而言,SSCI 可以追溯到 1972 年,而光盘版本的文献可以追溯到 1981 年。

SSCI 中同样也包含主题索引,也就是说,通过文章的关键词来检索文献。SSCI 的主题搜索能通过搜索文章题目中的任何一个词来实现。主题搜索可以具体到只包含某一特定文献的种类,如期刊文献或者是书评。

要使用 SSCI 中的引文索引部分,搜索者必须提供与其引文历史有关的参考文献。使用引文索引的一个问题是:期刊文章内包含的书目信息里有许多错误(Boyce & Banning,1979)。因此,一定要查明大多数的引文所在。对于搜索者而言,有必要检索引用文献的第一作者的信息,而不仅仅是感兴趣的具体文章的信息。然后,搜索者可以仔细检查这些文献,筛选出没有准确列出来的引文信息。

就近来的家庭作业搜索而言,我决定到图书馆使用印制的 SSCI 来确定引用了我的家庭作业研究综述的期刊文章的作者。然后我检索了这些文章,看这些作者描述家庭作业的研究在综述出现之前是否已经发表。这个综述在 1989 年就以书籍的形式出版,同时以一个比较简短的文章形式发表在《教育领导》上。为了弄清谁引用了这些文献信息,从 1990 年开始,我在 SSCI 每年收录的文章中查找“Cooper H”。

在 1995 年的文献中,包含 H. Cooper 的引文记录有两列。表 3.6 列出了这些记录。在印刷版本的 SSCI 中,若文献被引用,就用粗体字表现出来。因此,仔细浏览“Cooper H”下面的项目,顺着列表往下看,直到“89 Educ Leadership 4785”这一列,这一信息告诉我,H. Cooper,该作者的文章出现在 1989 年第 47 卷的《教育领导》里面,从第 85 页开始。在该信息下面列举的是 1995 年引用这篇资料的 5 篇文章。接下来的检索项是关于家庭作业这本书的。这本书被引用了三次。显然,一位作者既可以同时引用书籍也可以引用期刊。同时,搜索者需要注意的是,对于一些被引用的文献而言,该文献另外的引文也可以在《科学引文索引》中发现。每一列最右边的代码指的是每种资源检索项的类型。“B”代表的是书评,“R”代表的是述评,“N”代表的是技术说明,等等。

表 3.6 1995 年间 SSCI 检索条目的例子

Example of *Social Science Citation Index* Entries During 1995

		VOL PG YR

COOPER H ————————

46 THOSE PRESENT OFFICI

		VOL	PG	YR
WHITE GM	PUBL CULTUR	7	529	95
59 S AFR MED J		**33**	**349**	
67 S AFR MED J		**41**	**902**	
LOUW J	S AFR J PSY	25	99	95 R
79 REV EDUC RES		**49**	**389**	
STASSEN MLA	REV HIGH ED	18	361	95
83 PYGMALION GROWS				
BABAD E	J EDUC PSYC	87	361	95
83 PYGMALION GROWS STUD				
PAPAIOAN.A	J SPORT EXE	17	18	95
83 TEACHER STUDENT PERC				
GOTTFRED.DC	J EDUC RES	88	155	95
84 RES MOTIVATION ED		**p209**		
URDAN TC	REV EDUC RE	65	213	95 R
84 RES MOTIVATION ED		**1**	**209**	
FONTAINE AM	EUR J PSY E	9	225	94
85 J RES DEV EDUC		**18**	**25**	
TATAR M	BR J SOC ED	16	93	95
88 J PERS SOC PSYCHOL		**55**	**937**	
HART AJ	J PERS SOC	68	109	95
89 EDUC LEADERSHIP		**47**	**85**	
BAUCH PA	EDUC EVAL P	17	1	95
GAJRIA M	J LEARN DI	28	291	95
GEARY DC	AM PSYCHOL	50	24	95 R
HOOVERDE.KV	ELEM SCH J	95	435	95
SALEND SJ	REM SPEC ED	16	271	95
89 HOMEWORK				
HOOVERDE.KV	ELEM SCH J	95	435	95
JAYANTHI M	REM SPEC ED	16	102	95
PRESSLEY M	EDUC PSYCH	30	207	95
89 INTEGRATING RES GUID				
BISHOPCL.C	COMP HUM BE	11	241	95
90 RES METHODS PERSONAL				
TANG SH	APPL COGN P	9	365	95
91 COCHLEAR IMPLANTS PR				
(ANON)	J BR ASSN T	19	135	95
91 J PERS		**59**	**109**	
ROMAN RJ	J PERSONAL	63	113	95
93 WALL STREET J		**0316**	**8**	**1**
SCHALOCK RL	J MENT HEAL	22	358	95
94 HDB RES SYNTHESIS				
WIELAND D	EVAL HEALTH	18	252	95
94 HD RES SYNTHESIS				
SEE SCI FOR 6 ADDITIONAL CITATIONS				
BALAS EA	J AM MED IN	2	307	95
"	MED CARE	33	687	95
COOPER H	AM PSYCHOL	50	111	95 N
EAGLY AH	"	50	145	95 R
ELKIS H	ARCH G PSYC	52	735	95 R
GLASS GV	CONT PSYCHO	40	736	95 B
LEPPER MR	APPL COGN P	9	411	95

		VOL	PG	YR
PREISS RW	EVAL HEALTH	18	315	95
SCHULTZ PW	J ENVIR PSY	15	105	95
SHADISH WR	J MAR FAM T	21	345	95
SLAVIN RE	J CLIN EPID	48	9	95
VEVEA JL	PSYCHOMETRI	60	419	95
WEISZ JR	PSYCHOL B	117	450	95 R
94 HDB RSE SYNTHESIS				
YEATON WH	EVAL HEALTH	18	283	95
94 HOUSE CAT				
SHORT K	READ TEACH	48	422	95 B
94 HDB RES SYNTHESIS		**p87**		
HASSELBLV	MED CARE	33	202	95
94 J LEARN DISABIL		**27**	**470**	
GAJRIA M	J LEARN DI	28	291	95
JAYANTHI M	REM SPEC ED	16	102	96
SALENG SJ	REM SPEC ED	16	271	95
SODERLUN.J	J E BEN DIS	3	190	96
94 WALL STREET J 8014		**p1**		
RABE GA	DEVIANT BEH	16	223	95
94 WALL ST J 1282A		**1**		
GRANT JM	INDIANA LAW	70	1353	95
94 WALL ST J 0002A		**2**		
CHARNOVI.S	CORNELL I L	27	489	94
95 AM PSYCHOL		**50**	**111**	
LIPSEY MW	AM PSYCHOL	50	113	95 N
COOPER HA ————————				
89 INTEGRATING RES				
WHITLEY BE	PSYCHOL B	117	146	95 R
COOPER HC ————————				
89 INTEGRATING RES GUID				
PETROSIN.AJ	EVAL REV	19	274	95
COOPER HF ————————				
92 MATS BRIEF MAY		**p27**		
RABERT B	AUSSEN-POLI	46	71	95
COOPER HM ————————				
75 J EDUC PSYCHOL		**67**	**312**	
COOPER H	J EXP EDUC	63	231	95
HARRISON L	QUEST	47	7	95
79 J PERS SOC PSYCHOL		**37**	**131**	
BURT DB	PSYCHOL B	117	285	95 R
COLLIN CA	SOC BEH PER	22	355	94
EAGLY AH	AM PSYCHOL	50	145	95 R
GLADSTON.TR	J ABN C PSY	23	597	95
ZHANG J	ADOLESCENCE	29	885	94
79 J EDUC PSYCHOL		**71**	**375**	
LINEHAN SL	J SPEC EDUC	29	295	95
80 NOCTURNAL MALAGASY		**p191**		
RUMBAUGH D	SOCIAL RES	62	711	95
80 PSYCHOL BULL		**87**	**442**	
SEE SCI FOR 1 ADDITIONAL CITATION				
BUSHMAN BJ	PSYCHOL B	117	530	95
COOPER H	AM PSYCHOL	50	111	95 N
FAITH MS	J COUN PSYC	42	390	95 R
PREISS RW	EVAL HEALTH	18	315	95

Continued

		VOL	PG	YR
82 REV EDUC RES		**52**	**291**	
BAKER D	INT J SCI E	17	695	95
DIFABIO RP	PHYS THER	75	865	95
PREISS RW	EVAL HEALTH	18	315	95
83 PYGMALION GROWS STUD				
HART RD	COMMUN EDUC	44	140	95
PIANTA RC	DEV PSYCHOP	7	295	95
84 ELEM SCHOOL J		**85**	**77**	
WEINSTEI.RS	AM EDUC RES	32	121	95
84 INTEGRATIVE REV				
BURT DB	PSYCHOL B	117	285	95 R
HEESACKE.M	COUNS PSYCH	23	611	95
OROURKE TW	J SCH HEALT	65	33	95 N
SLAVIN RE	J CLIN EPID	48	9	95
WEISSING.E	LEISURE SCI	17	141	95
84 INTEGRATIVE RES REV		**v2**		
FRANCES A	PSYCHIAT AN	25	15	95
89 EDUC PSYCHOL		**24**	**79**	
BLATCHFO.P	OX REV EDUC	20	411	94
WILD KP	Z ENTWICK P	27	78	95
89 HOMEWORK				
SODERLUN.J	J E BEH DIS	3	150	95
89 INTEGRATING RES GUID				
SEE SCI FOR 1 ADDITIONAL CITATION				
BUSHMAN BJ	PSYCHOL B	117	530	95
BUSSE RT	J SCH PSYCH	33	269	95
CROUCH GI	ANN TOURISM	22	103	95
GOREY KM	PERS INDIV	19	345	95 R
HUGHES C	AM J MENT R	99	623	95 R

		VOL	PG	YR
JOHNSON BT	J APPL PSYC	80	94	95
KRYWANIO ML	NURS RES	43	133	94
LEFRANCO.R	CAN J AGING	14	52	95
LEPPER MR	APPL COGN P	9	411	95
ROSENTHA.R	PSYCHOL B	118	183	95
"	PSYCHOL SCI	5	329	94
SMITH MC	CANCER NURS	18	167	95
89 INTEGRATIVE RES REV				
GANONG LH	FAM RELAT	44	501	95
89 INTEGRATING RES GUID		**v2**		
SWANSON JM	ADV CL CH P	17	265	95 R
91 PERS SOC PSYCHOL B		**17**	**245**	
WHITE MJ	AM J MENT R	100	293	95
93 J COMP NEUROL		**328**	**313**	
SEE SCI FOR 8 ADDITIONAL CITATIONS				
BENSHLOM.R	BEHAV GENET	25	239	95
93 NATURE		**361**	**156**	
SEE SCI FOR 12 ADDITIONAL CITATIONS				
BARTON RA	PHI T ROY B	348	381	95
BENSHLOM.R	BEHAV GENET	25	239	95
94 HDS RES SYNTHESIS				
SEE SCI FOR 2 ADDITIONAL CITATIONS				
HASSELBL.V	PSYCHOL B	117	167	95
COOPER HSF ————				
87 LIFT OFF				
NICHOLAS JM	AVIAT SP EN	66	63	95 R

SOURCE: Reprinted with permission of the Institute for Scientific Information.

关于 SSCI 的记录还有两件非常有趣的事情。第一,在表3.6 的第二列中,有一些记录跟"Cooper HM"有关。其实,"M"是我中间名首字母缩写,我早期发表的刊物都用 Cooper HM 署名。尽管引用家庭作业书籍和文章的作者没有使用我中间名的首字母缩写,但是表3.6 里还是在引文目录中出现了有我中间名的首字母缩写的作者名。另一方面,"Cooper HA"和"Cooper HC"都各自有参考文献,这些都是"Cooper HM"著作的错误引文索引(事实上,这些都是你目前阅读书籍的参考文献)。其次,因为我个人非常熟悉一位叫做 H. M. Cooper 作者的著作,显然,至少另一位也叫做 H. M. Cooper 的作者在社会科学期刊中发表了文章。

由于空间的限制,在社会科学中,仔细查阅成千上万的文摘服务是不可能的。大多数的文摘服务可以使用在线电脑搜索。这些文摘服务的内容根据学科的不同而不同。例如在

ERIC 中有高度专业化的主题领域,比如老龄化(老年学文献资料库,Ageline)、精神性药物滥用(药物数据库,DRUGINFO)及婚姻与家庭(家庭资源数据库,Family Resources Database)。文摘服务信息可以从图书馆管理员那里得到,也可以在《参考工作导论:第一卷》(Katz,1997)中得到,或是在其他资源的《在线目录数据库》中查找到。

计算机检索的局限性

研究综述者不能过分强调计算机搜索的价值。通过计算机搜索,综述者可以以惊人的速度获得大量的相关资料。计算机搜索节省了大量时间,并且可以非常方便地将搜索结果进行硬拷贝(hard copy)(人们把从印刷机、打印机、复印机等得到的印件叫作硬拷贝;而把显示器等装置上面显示的图像、文字等叫作软拷贝)。这样的话,综述者就可以在方便时评估搜索结果。正因为如此,与手工搜索相比而言,计算机搜索在同样的数据库中搜索的范围更加广泛。

当然计算机搜索并非没有问题。特别是,如果专门使用计算机进行搜索,搜索者意外发现其他资料的可能性就大大减少了(Menzel,1966;Stoan,1982)。

然而,使用计算机搜索并没有妨碍搜索者去浏览期刊和图书馆书架上的图书。其实,在使用计算机搜索之前,浏览期刊和书籍是一个很好的选择。通过浏览,搜索者不仅可以增加计算机上的检索项,也可以确定需要打印出来的相关文章。若是没有这些相关文章的话,那一定是出什么差错了。

确定文献检索的充分性

在搜索中,对于使用哪些信息来源或使用多少信息来源这样的问题,还没有一个统一的答案。研究主题、搜索者研究的需要是确定搜索来源的主要因素。然而,作为一项规则,搜索者必须使用多重渠道,这些渠道包含了不同的准入和访问限制,主要是为了减少已纳入研究与未纳入研究之间的任何系统差异。如果一位综述者通过有着类似限制的渠道发现了一些不同的研究,那么综述的总体结论应该可以被使用不同限制渠道的综述者复制使用,从而可以与原始研究的来源互相补充,这一做法体现了科学标准的可复制性。

辅助渠道,特别是参考数据库和研究记录册,如果可用的话,应该构成任何一个完整全面的文献搜索的中坚。这些资源几乎很可能包含着所有研究的信息。就像撒下了一张大网,这些资源里面有它们要说明的、受限制的但是所知的目标。

很显然,就像我提到的,仅仅关注正式来源会产生一组代表多数发表的、统计显著性结果。经过同行评审,已出版的研究经历了非常严格的方法论评审过程,这些著作也许是高质量的作品。正如随之我要在第4章说明的,在综述里,出版的作品并不一定是高质量的研究。充满瑕疵的研究也经常印刷出来。有时,好的研究成果并不一定公开发表。

在下面两种情况下出版的研究是合情合理的。首先,出版的研究通常包括大量的相关著作。在这种情况下,虽然出版的研究可能会过高估计了关系量,但它可能会正确的识别这种关系的方向。这种建议的关系量能由发表偏倚或谨慎解释所调整。同时,足够多的假设检验案例包括了一个研究特征与研究结果共变的合理检验。

其次,在文献中,包含了许多有多重检验的假设,这些假设并不是研究的主要关注点。例如,在研究设计和关于性别差异的假设检验报告中,虽然不是原始研究者的主要兴趣点,许多心理学和教育学的研究还是将性别作为一个变量使用。这种出版物中对显著性结果的偏颇可能不会超出原假设太多。因此,在众多文章中出现的假设只是作为研究者的次要兴趣。与研究者的主要关注点相比,这种假设受到出版偏倚的影响程度可能要小得多。

一般说来,综述者仅关注于出版的研究不是明智的方法。除此之外,即使他们在综述过程中决定使用出版的研究著作,也不应该仅把搜索范围限定在这上面。他们需要全面的了解文献资源,然后仔细选择综述里所要使用的文献资料,从而确定该领域研究的主要问题。

　　最后,从非正式渠道获得的信息并不能反映从潜在的来源收集的全部信息。但是,从非正式渠道获得的研究,可能是对正式渠道和辅助渠道获得的研究的一个补充,因为通过非正式渠道进行的研究更加新颖。因此,搜索者也应该进行非正式的搜索,但是需要仔细分析用此种方式检索到的信息在总体相关文献中所占的比重。如果所占比重大,那么这就是一个警告信号,说明在搜索结束之前,搜索者应该通过正式渠道和辅助渠道获得信息。

文献检索的效度问题

　　在本章开始,我提到了文献搜索有两个不同的目标,一是以往的研究,二是与主题领域相关的个体或群体研究。对研究综述者而言,说明这两个研究目标是十分必要的。但是,综述者会问:(a)检索到的研究和其他研究有何区别;(b)检索到研究中包含的个体或群体与所有感兴趣的个体或群体有何区别。

　　这一章用了较大篇幅来回答第一个问题。综述者不可能检索到所有的研究,这里面包含一定的偶然因素。通过综述者检索渠道比较容易获得的研究不同于从来不可用的研究。因此,综述者应该非常注意那些不可获取的研究所涉及的内容,同时还要注意这些研究与已经检索到的研究的区别。

　　提到个体或者是其他基本分析单位。综述者从总体上比较感兴趣的就是将乐观的信息引入讨论。我们有很好的理由相信,与一个主题领域内个别的原始研究工作相比,研究综述同目标群体的关系更直接。总的文献可以包括关于不同时代、成人和儿童、不同国家与人种和不同种族背景的研究。也包括在不同的检验条件下使用不同方法进行研究的文献。对于包含大量可重复使用的特定问题领域,综述者所使用的个别参考资料的数量可能接近于原始研究者目标群体的数量。虽然我们可能会接受原始研究里设置的数量限制,但不需要默认研究综述的参考资料的数量。

　　当然,我们必须铭记,虚无假设的偏倚和相互矛盾的研究结果会影响到综述里对人群的有效抽样和对研究的抽样。在一定程度上,可检索到的研究的范围与分组人群要素有关。检索偏误将会限制符合标准的个体研究数量。

文献搜索过程中对效度的第一个威胁是:综述里很可能并未囊括所有与该主题相关的研究。再者,为了确保在成本效益的限制范围内不存在明显的、可避免的偏倚,综述者应该使用尽可能多的信息渠道。

研究检索过程中对效度的第二个威胁是:检索研究中的个体或群体并不能代表目标群体中所有的个体或要素。当然,原始研究者对研究单位的选择超出了研究综述者的控制范围。为了保证研究质量,综述者必须仔细描述研究中遗漏的样本和具有代表性的样本。

保护效度

1. 由于综述研究中不具代表性的样本会造成对效度的威胁,所以,最好的解决方法就是全面、广泛的搜索文献。尽管收益递减的法则在这里也适用,但是一个完整的文献搜索过程至少应该包括搜索参考数据库、精读相关的期刊、对已有原始研究和研究综述参考文献的分析,与积极的、对研究感兴趣的研究者的非正式联系。与其他综述者使用的相似,但可能不同的信息来源相比,搜索范围越全面,综述者就越自信会与他们得到相同的结论。

2. 在综述者的原稿中,他们应该非常清楚研究过程,包括参考数据库里搜索的信息是哪一年的,采用的检索词是什么。如果没有这些信息,研究综述的读者们就没有办法比较这一特定综述结论的效度和包含在其他综述中的结论效度。

3. 如果索引是有效的,综述者应该介绍可能出现的检索偏误。例如,许多研究综述都分析了发表的研究成果与未发表的研究成果之间是否存在着差异。

4. 研究综述者应该总结在个别研究中使用的个体样本特征。伴随着对社会科学里具有抽样代表性的个体样本

的诸多讨论,许多综述者会发现,这一概括会给他们的
研究综述带来意想不到的好处。

练 习

1. 研究者可以通过具体的搜索术语、使用必要的指引文献
搜索的布尔语法操作来界定一个主题领域。也可以选择少许
年份,对参考数据库进行人工搜索和计算机搜索。同时,也可
以在网络上进行平行搜索,并比较这些搜索的结果有什么不
同? 哪一种搜索更加合理、有效?

2. 就你所选的主题,选择你将用来搜索文献的渠道及使用
顺序。描述搜索中每一步的优势、不足和成本效益。

第4章 数据评估阶段

第4章旨在描述和评估判断原始研究中方法论充分性的不同方法。本章也指出了在研究报告中检索信息时将会遇到的问题，还分析了在同一样本或研究中出现相同假设的多元检验时，如何识别独立假设检验。本章结尾总结讨论了数据评估阶段的效度问题。

在科学研究中,数据评估阶段主要评估了研究中包括的单个数据点是否精确可信。不论数据点是否是被测变量的主要个体组成部分(如在原始研究情况下),还是研究的结果(如在综述性研究情况下),都要进行数据评估。数据评估要求研究者建立一定的标准来衡量数据搜集的方法是否恰当。在数据评估过程中,研究者必须检验所有可能出现的偏误和非相关因素,因为这些都可能会影响到每个数据点。同时,研究者还要确定这些影响因素是否有效,以决定这个数据点是否应从研究中删除。

社会科学研究中的评估数据

原始研究和综述研究的相似性。原始研究者和综述研究者通过分析取得的数据,找到了极值、记录的误差或建议的不可靠测量的其他指标。他们还对单个数据点进行了分析,观察其是否为统计离群点(statistical outliers)(Barnett & Lewis,1984)。研究者希望发现最极端数据点(most extreme data points)的信度是否可信,或者是由于它们中充满了误差,或者是由于它们不是来自研究的目标群体。为此,研究者可以使用统计程序或惯例来比较最极端的数据点和总体样本分布。

在研究综述中,对统计离群点的搜索包括相似的统计程序。综述者检查的是每一研究的关系大小或揭示的处理效应,而非个别数据点。综述者试图测定研究得出的最极端的研究结果(most extreme study outcomes)与研究结果的总体分布是否大相径庭,因而需要考虑它的可靠性程度。

举例来说,有时统计离群点的出现是因为:数据从数据记录单转录到计算机文件过程中出现的偏误造成的。原始研究者可能会观察到,"攻击性行为"里某一给定的个体分数使用的值不在测量范围内。比方说,当测量范围是从 0 到 20,而在计算机文件中出现的一个数值是 90。研究者可能就会返回查看原始的数据记录单,原来是把 09 错记成了 90。同样,在研究综述中,研究综述者可能发现接受"强暴迷思"的 20 个相关系

数的平均数 $r = 0.15$。综述者也可能发现记录的一种相关系数为 $r = 0.90$，这个数值好像太大了。通过检查编码单，发现实际数值是 $r = 0.09$，然后把这个正确的数值输入计算机文件中。这个平均相关系数就需要重新计算了。

原始研究和综述研究的差异性。 在这两种类型的研究中，识别不可靠数据的方法是不同的。在原始研究中，一位参与者的回答有时被舍弃了，因为研究者有证据证明该参与者的反应是不适当的，或者他误解了回答的指令要求。如果在研究中有欺骗行为或其他形式的指示错误，个别数据就应该被舍弃，因为参与者不相信表面理由或推断出的隐藏假设。

在综述研究中，除了记录误差外，研究方法的效度是决定某一数据是否使用的唯一判断标准。综述者要确定是否认真进行了每项研究，从而使兴趣假设的重要性清楚明白地显示出来，使人们相信研究结果。综述者或者根据是否包含此研究做出不连续的决策，或者根据这些研究的可信程度进行不同的衡量，做出连续的决策。本章主要讨论了判断一项研究的方法论质量的标准。

研究的方法论质量应当成为判断研究结果受信任程度的主要决策标准，这一点，大多数社会科学家都表示认同。然而在实践中，综述者的倾向会对综述评估过程产生很大影响。因而，在某一研究领域，分析综述者预先持有观念的来源和影响是十分重要的。

综述者的倾向

在研究开始之前，几乎每一个原始研究者和综述研究者都对研究结果有所期望。在原始研究中，通过构建精巧的控制系统，方法论学家可以减少由于实验者期望效应中的"人为因素"给研究结果带来的影响。

在综述研究中，防止出现期望偏差常常收效甚微。综述者通常对研究结果和研究资料的搜集、评估持十分谨慎的态度。这便导致了一种可能——对研究课题方法论的评估蒙上了评

估者倾向的色彩。以往,综述者的倾向对综述的影响很大,格拉斯(Glass,1976)曾做出如下评价:

> 综合若干不一致结果研究的普通方法是:除了一些研究之外,对研究设计或分析的不足吹毛求疵——经常保留的是他们或者是其学生、朋友的研究——进而把一两个"可接受的"研究总结发展成原理性的理论认知。(p.4)

马奥尼(Mahoney,1977)曾做过一项实验,专门检验了在研究评估中综述者的倾向对研究产生的影响。他在《应用行为分析杂志》的客座编辑中进行抽样调查,要求他们对一些原稿进行评级。马奥尼发现,如果原稿的研究符合综述者对研究结果的预先倾向,那么有关这些研究的方法、讨论和所递交的原稿会更多地得到综述者的青睐。在一项相关研究中,洛德、罗斯和莱珀(Lord,Ross & Lepper,1979)发现,与读者们的观点持相反态度的研究相比,他们会对支持其观点的研究给予更好的评价。更引人注意的是,尽管那些参与洛德和他的同事们研究的大学生都读过同样的研究摘要,但他们表现出了不同的态度分化。也就是说,尽管所有的参与者都阅读过一项支持他们预想的研究和一项驳斥其预想的研究,阅读完这两个研究之后,参与者更倾向于支持他们原预想的研究。

在研究评估阶段,有一种办法能够减少综述者的倾向给研究带来的影响,那就是让进行信息汇总而不知道研究结果的编码者对研究进行评估,让不熟悉某一研究领域的不同编码者对所要研究文章的不同部分进行编码。比如,一个编码者编码方法部分,另一个编码结果部分。施拉姆(Schramm,1989)曾评价过这个"差别复制(differential photocopying)"方法。她发现这样做会产生新的问题,并且也不能提高评判者间的信度。

这样看来,综述者对研究结果的倾向会影响他们对研究方法质量的判断。如果一项研究与综述者的倾向相左,那么综述者有可能会在研究中试图寻找他们认为与研究不相关的问题或者是不合理的方法部分。然而,如果研究支持了综述者的倾向,即使对研究存在某些疑问或研究方法存在部分瑕疵,综述者也会把它们纳入到综述中。

判断研究质量

研究质量的判断可能要比综述者的倾向性涉及的问题更广。它甚至可能成为判断什么是"合格"、什么是"不合格"研究的关键因素。

对研究质量评估共识的研究。大量研究已经分析了提交给心理学（Fiske & Fogg, 1990; Scarr & Weber, 1978）、教育学（Marsh & ball, 1989）和医学领域（Justice, Berlin, Fletcher, & Fletcher, 1994）期刊稿件的评估信度。这些研究测评了经读者推荐的稿件的质量，这关系到该稿件是否被批准发表。

有这样一个有趣的例子，皮特和西赛（Peters and Ceci, 1982）向期刊再次投递了 12 篇已经发表过的文章，并且两次投的期刊相同。再次提交的文章内容保持和原稿一样，只是改变了提交者的名字，并把他们的会员级别从"高级别"转换成"低级别"状态。在这 12 篇文章中，只有 3 篇被审查出是再次提交的。在另外 9 篇已经完成评审过程的文章中，有 8 篇没有获准发表。

在很多方面，原稿评审者的判断比研究综述者的判断更复杂。原稿评审者必须要考虑许多研究综述者不感兴趣的因素，包括写作的清晰度和期刊读者群的兴趣。另外，期刊编辑有时也会故意选择持不同观点的评审者，他们希望评审者能认同原稿的论点。当然，如果在评审者之间应用一个完善、客观的评判标准，他们也会达成共识。

戈特弗里德森（Gottfredson, 1978）曾研究过手稿评审者和研究综述者对一项研究判断的区别。通过让作者推荐有能力的专家评审他们的研究，他解决了可能由于初始偏差的区别导致的判断评定等级的易变性这一问题。戈特弗里德森获得了至少由两名专家评估的 121 篇文章。这些专家用三个问题量表评审了文章的质量，给出了术语"质量模糊"的含义。他们得出的交互判断一致性系数 $r = 0.41$。当运用一个 36 项评审量表评估研究质量时，他们得出的交互判断一致性系数 $r = 0.46$。

为什么研究质量的总体判断存在差异呢? 除了个人倾向的差异外,还有两点可能也是影响评估者质量判断的差异来源:(a)评估者对不同研究设计特征给予的重视程度;(b)他们判断某研究需要满足的设计标准。为了说明第一个差异来源,我进行了一项研究,这项研究由六名专家组成,主要说明了在学校废除种族歧视。为了有效构建该研究的"效用或知识价值"体系,我要求他们按照重要程度排列六个设计特征的等级次序(Cooper,1986)。这六项特征包括:(a)实验操作(在这项研究中,即界定"废除种族歧视");(b)控制组的充分性;(c)研究结果测量的效度;(d)样本的代表性;(e)围绕着研究环境条件的代表性;(f)统计分析的适当性。专家排序的交互相关系数从 $r=0.77$ 到 $r=-0.29$ 不等,平均相关系数为 $r=0.47$。

概括来说,关于方法论质量判断的研究显示,评估者在某些方面很难达成共识。而有时,选择的这些判断代表的是不同的观点。同时,"统计测量协议"被批判过于保守(Whitehurst,1984)。最后,通过增加更多的判断者能够增强判断的信度。也就是说,一篇论文是否发表,主要由作为样本的 10 个评审者的意愿等级决定,平均来说,10 名评审者的意见比 2 名评审者的意见更能说服人。然而,对期刊编辑和综述研究者来说,在判断研究质量时,很少能找到这么多的评审者。

研究的预先排除与研究差异的事后分析。在评估过程中,对研究质量和研究过程中个人倾向的作用这两个问题的研究,成为了主观性对研究的科学客观性的挑战。这一点很重要,因为研究综述者经常要讨论研究质量的预先判断应该保留在研究中还是应被排除。

这个争论的相关观点在艾森克(Eysenck,1978)、格拉斯和史密斯(Glass & Smith,1978a)关于史密斯和格拉斯(Smith & Glass,1977)早期的有关心理治疗的元分析研究中充分体现出来。史密斯和格拉斯(Smith & Glass,1977)归纳总结了三百多个关于心理治疗的研究,但由于方法论拙劣而没有对研究做预先排除。艾森克认为这一做法是对学术和严谨判断的背离:

大量的报告——不论是好的、差的或者是无关紧要的——都被塞入计算机中,希望人们能够停止对建立在研究结果基础上的材料质量的担心……"垃圾进—垃圾出(garbage in —garbage out)"是众所周知的计算机专业人员使用的术语①;这一术语应用在这里依旧奏效。(p. 517)

艾森克总结道,"只有比文献研究中更好的实验设计才能提升人们的认知水平。"(p. 517)

然而,在本章和前面几章,史密斯和格拉斯(Smith & Glass,1978a)曾提到过几点。首先,正如在第 2 章提及的,如果不同的研究得出的结果是一致的,那么这些不同研究里拙劣的设计特征可以被"删除"。其次,预先的研究质量判断需要排除个人偏见的影响。最后,格拉斯和史密斯声明他们并不主张放弃质量标准。相反,他们把对研究结果的设计质量的影响认为是"一个事后的实证问题,不是一个预先看法不同的问题"(Glass,McGaw,& Smith,1981,p. 222)。他们建议综述者应当全面地对研究设计的各个方面进行编码,不管是好还是差,如果这些研究结果和操作有关的话,都需要论证它们。

格拉斯和他的同事们一致赞成在研究综述中使用严格的方法标准。在预先偏见的基础上,是包括还是排除这些研究,需要综述者对研究质量做出总体判断,而这常常是主观的,因而不够可信。取而代之的是综述者可以详细列举出某一研究的特征,然后比较研究特征与研究结果,用以证实他们是否一致。如果实证研究证实了"好"的研究与"差"的研究结果不同,那么"好"的研究便是可信的。如果没有发现差异,仍须谨慎地保留这个"差"的研究结果,因为他们可能包含了方法中的其他变化(比如样本和检索方法的不同)。保留它们,将会有助于许多相关问题的解答。

只有在一种情况下,在文献搜索之前,当排除研究的标准

---

① 译者注:"Garbage in-garbage out",缩写为 GIGO。这是在资料处理上一个十分著名的理论,这个理论强调的是,计算机系统只能对有意义的输入资料处理,产生有意义的输出,无论计算机的能力多强,假使输入计算机当中的资料是垃圾(指错误的资料),则输出来的必定是没有用的资料。也就是说,假如输入一堆乱七八糟的东西到计算机里,那么结果就也是乱七八糟的。一般用来指要求数据的精确性。

已经确定,研究的预先排除可能是合适的,但是这些标准也不会为了迎合综述者的需要而轻易改变。同时,在综述者认可的研究数量足够多的情况下,他们就能够充分地证实任何一般性结论。然而在大多数情况下,应该让数据说话,也就是说,对于所有的由于方法不同得出的不同的实证研究和检验结果,我们要用发现研究的过程取代综述者的个人倾向。

分类研究方法的途径

对实证检验研究结果方法论的判断并不会减轻综述者的评估责任。综述者必须决定哪些研究方法论特征应被编码。正如我在前面指出的,这些决定有赖于通过仔细审查问题的性质和相关研究的类型。如果某一问题主要通过在实验情境中的实验操作来完成,与已经使用的相关研究、田野调查或混合使用上述两种方法相比,使用一系列不同的方法论特征可能更重要。在过去,研究综述者在编码时需要应用两种方法来帮助他们发现"好"的和"差"的研究差异。第一种方法需要综述者对研究中可能存在的效度威胁做出判断。第二种方法要求综述者像原始研究者描述的那样,详细描述研究的客观设计特征。

效度威胁的途径

当坎贝尔和斯坦利(Campbell & Stanley,1963)介绍"效度威胁"这个概念时,他们是按字面意思将其引入到社会科学中的。他们认为在一系列和研究设计相关的外在影响因素中,能够发现"可能产生了与实验促进因素相混淆的效应"(p. 5)。不同的研究设计有不同的"效度威胁",这些研究设计应该依据他们的推理能力而加以对比。更重要的是,当单独的、"完美"的研究不好操作时,不太理想的设计可以通过"三角测量(triangulated)"方法从多重研究中得到较强的推论。

坎贝尔和斯坦利(Campbell & Stanley,1963)提出的概念是以人们日益增多的对研究质量的"敏感性"和"客观性"的讨论为前提。然而提出不久,一些在他们方案中应用的问题变得显而易见。这些问题和创建一个详尽的效度威胁列表相关,并且确定了这些威胁可能会涉及的问题。

最初,坎贝尔和斯坦利(Campbell & Stanley,1963)提出了两个较宽范的"效度威胁等级"。"内部效度威胁"在实验处理和实验效应之间直接相互对应。如果研究设计的不足对这种对应性的危害达到了一定程度,那么解释研究结果的能力将遭受质疑。坎贝尔和斯坦利列出了 8 类内部效度威胁。"外部效度威胁"涉及研究结果的普遍性(generalizability)。外部效度评估需要评估研究的参与者、工具、手段和测量变量等代表性因素。尽管对研究的外部效度从未做最后的评定,坎贝尔和斯坦利仍列出了 4 类具有代表性的威胁。

接着,布拉特和格拉斯(Bracht & Glass,1968)提供了一份扩展的"外部效度威胁列表"。他们认为"在坎贝尔和斯坦利的研究中,外部效度并没有像内部效度分析的那样到位"(p.437)。为了更好地说明他们的观点,布拉特和格拉斯把外部效度细分成两大类:第一类是"总体效度(population validity)",指的是对总体的普遍意义。第二类是"生态效度(ecological validity)",指的是非抽样设置。下面,我将 2 个具体的对总体效度的威胁连同 10 个对生态效度的威胁一起进行描述。

随后,坎贝尔(Campbell,1969)增加了第九个内部效度威胁,称之为"不稳定性(instability)",并界定为"测量的不可靠性、抽样人群或其他构成要素的波动等"。(p.411)

库克和坎贝尔(Cook and Campbell,1979)后来又提供了一份包含了 33 个效度威胁的详细列表,并粗分为四个层次。"构念效度"和"统计结论效度"的概念被添加到内部效度和外部效度中。"构念效度(construct validity)"指的是"理论构念或假设的合理性、科学性及其转换为研究目标的恰当程度和可操作性"(p.59);"统计结论效度(statistical conclusion validity)"是关于研究的数据分析处理程序的效度检验,或者说,它是检验研究结果的数据分析程序与方法的有效性指标。

从这一简史来看,使用效度威胁途径来评估实证研究质量的问题应该很清楚。首先,不同的研究者可能会使用不同的效度威胁列表。例如,坎贝尔(Campbell,1969)起初提出的"不稳定性威胁"应该是由一个威胁组成,还是像库克和坎贝尔(Cook and Campbell,1979)重新界定的由三个威胁组成?"生态效度"是由一个威胁组成还是由十个不同的威胁组成?第二个问题是相对权重的威胁:在构思效度中,包括在历史困惑中的威胁与包括在有限制的概括性的威胁的权重是否相等?对某一特殊的威胁该如何分类,方法论学家的意见也不一致。举例来说,布拉特和格拉斯(Bracht & Grass,1968)把"实验者的期望效应"作为外部效度的一种威胁,而库克和坎贝尔(Cook and Campbell,1979)却把它作为构思效度的一种威胁。

尽管存在上述问题,在研究评估过程中,效度威胁的途径不仅代表了在研究精确性上取得的进步,而且对于它所代替的预先单个质量判断当然是更可取的。每一项威胁的连续列表,都反映了综述者在研究精确性上取得的进步和知识积累的不断增长。同样,效度威胁列表也为综述者提供了明确的标准和应用变更的依据。从这种意义上讲,使用威胁效度途径的综述者也使他们的判断方法变得开放,从而可以应对各种批判和争议。这是使研究评估过程更加客观的关键一步。沃特曼(Wortman,1994)对这种方法的应用做出了很好的总结描述。

方法描述途径

就像原始研究者描述的那样,研究评估中的第二个途径,要求综述者对研究方法的每个客观特征全部进行编码。方法描述途径在前面也谈到过,它是和研究编码单联系在一起的(见第 2 章)。在本章,我将依次详细分析。

在坎贝尔和斯坦利(Campbell and Stanley,1963)最初的研究中,描述了三个前实验设计,三个真实验设计和十个准实验设计。而后库克和坎贝尔(Cook and Campbell,1979)又扩充了实验设计的列表。在大多数研究领域中,很少有一些有效的实验设计能够详尽地描述相关研究中的自变量和因变量的关系。

如坎贝尔和斯坦利在研究中提出的,实验设计主要是为了消除对内部效度的威胁。他们掌握了三种其他类别的少量信息,用以说明对可靠性产生的威胁。其中一些在第 2 章已经提过,但是这里要再加以详述。例如,信度分析,对于实验操作和实验测量,需要描述原始研究者在这一过程中创造出自变量和测量因变量的方法。关于操作自变量,综述者可以对实证研究的数量和类型进行编码:自变量有多少种操作方式?这种操作性是不是可以通过书面说明、胶片或真实的情境创造完成?同样,综述者可以记录下控制关系是否存在,从而使实验者不知道处理状态,或者是否使用了欺骗行为,抑或是错误指示的情况下远离假设猜测。显然,只有在处理操作运用在感兴趣的研究中时,这些考虑才是适当的。

这些测量的信度,只要评估是有效的,不管它们是口头上的、文字的、行为的或人际关系上的判断;对于某一研究,不管它们是否为标准的、非正式的或构造的;通过记录的测量,就可以对测量技术特征进行编码。其他测量特征可能也对某一研究领域感兴趣。

关于研究结果的总体效度和生态效度的普遍性,有人曾建议综述者记录下原始研究中单独抽样类型的限制因素,并且记录是在何时、何地进行的研究,何时因变量测量与操作或自变量测量有关。

最后,为评估一项研究的统计力,综述者应记录下参与者数量,是否使用受试者间设计或受试者内设计,通过分析和使用统计检验得出一些其他因素(差异来源)。

评估阶段的方法描述途径和效度威胁途径共同面临着一个问题,就是不同综述者可能会选择列出不同的方法论特征。然而,方法描述途径也有自己的一些优势。首先,当一项研究被编码为方法描述途径时,它就不需要过多的综合材料或推论判断。被称为"统计力低"的判断提供了一个很好的例子,仅通过一些简单研究特征的合并,如样本量、受试者内设计或受试者间设计、统计检验的固有能力(比如参数与非参数)、从分析中得出的其他差异来源,或者所有上述这些因素,编码者就可以判断一项研究是否有很好的机会拒绝错误的虚无假设。从事同一研究的两个编码者对一项研究的统计力是否为低而意见不一,但他们都非常赞同能够弥补决策的单独成分的编码。

客观的研究设计特征能够减少编码含义的模糊性,因此信度更高。这个问题变为:在研究初次编码时,为了观察效度威胁是否存在,需要对综合的方法论信息进行评估吗? 对于大多数的威胁,答案是"不用评估"。举例来说,如果一项研究的分析结果表明,使用了受试者内设计的研究发现了显著性结果,那么综述者就可以分析所有的关于它的效度影响的设计特点。也就是说,受试者间设计的统计力太低,因而不能显示一项研究效果,或者受试者间设计的预测量可能使参与者对自变量操作更敏感。因此,尽管很难检索到产生效度威胁的某一方面的一个研究设计,当综述者对研究的方法论特征进行编码时,仍旧可以经常检查效度威胁。

混合标准途径

分类研究的最理想策略似乎是上述两者混合使用的后验方法(a posteriori approaches)。首先,综述者应把研究设计所有潜在相关的、客观方面都进行编码。可是,单凭这一信息可能捕捉不到效度威胁。例如,内部效度威胁涉及如何对待控制组,也就是处理方式的扩散、补偿性竞争或不满意条件下的怨恨性怠工——这些都有可能直接编码成为效度的威胁,是否存在上述这些因素很大程度上取决于原始研究者在研究中的描述。尽管这种混合标准途径不能解决研究评估中的所有问题,但使用这一途径可以把之前该领域大量存在的主观、武断的判断引向客观、清晰的研究方向。

综述案例

在四个综述案例中,有两个较好说明了研究评估是如何进行的。

首先,关于家庭作业效果的综述包括了三个编码,它们与研究的内部效度相关,分别是:实验设计的类型(例如,随机分配或非等价控制组);处理是否平衡;实验者是否是班级教师。其他的家庭作业研究的编码与研究的构思效度、外部效度和统计结论效度相关(见表 2.1)。

值得注意的是,家庭作业研究的编码者没有对涉及的方法或方法的效度进行推论,他们只是简单地搜集了原始研究者报告中所指的信息。使用随机分配、平衡处理和实验者不完全是班级教师的研究显然是更好的。然而，低于这个理想状态的研究，也应包括在综述中，同时我也分析了设计因素对实际研究结果的影响。只有在设计和结果之间发现了重要关系之间的差异，研究结果的加权才是相对可信的。

对人际期望效应中人格调和的综述研究而言，人格测量的信度是一个重要的方法论问题。众所周知，在其他因素相同时，与更可靠的测量相比，不太可靠的测量与其他变量产生的相关性较小。因此，如果一种人格维度测量的信度低于第二种人格维度测量的信度，如果第二种测量与期望偏差产生的相关性较大，就不能认为由人格维度影响的"真实的"差异引起的相关性较低，或第一种维度经测量后存在的偏差较多。

为评估研究方法的信度对综述结论的影响，每种人格测量被编码为：（a）使用测量工具得到的可靠性数据是否有效（通常，这需要从根源而不是从正在编码的研究报告中查找）；（b）信度的类型（比如，内部一致性或再测信度分析）；（c）信度估计。找到了涉及内部一致性估计的 48 个比较和涉及再测信度分析的 22 个比较。但在 36 个人格测量中无法找到信度估计。

当综述者检验人格维度和人际期望之间的关联程度是否与人格测量的信度相关时，并没有发现显著性关系。因此，在测量可靠性时，综述者需要排除其中的变异，因为这会威胁到如下结论的效度，即不同的人格维度和期望偏差之间存在不同的关系。

数据检索的问题

迄今，我已经讨论过综述者发现和评估研究的方法。在数据检索和评估方法中存在的一些不足应当引起我们的注意，不管综述者做的多么全面、仔细，这些不足会妨碍综述者的研究。一些潜在的相关性研究并未公开，就是在一些比较全面的搜索过程中也发现不了。关于评估研究，不可能完全消除在研究过程中存在的主观性影响，并且一些判断本身就让人感觉模棱两可。在研究综述的数据检索和评估过程中还存在一些问题,这些问题几乎完全超出了综述者的控制范围,包括:(a)图书馆没有能力确保综述者手头上拥有所有可能相关的文献;(b)原始研究者提供的不完整或不仔细的数据报告;(c)从研究中检索信息时,检索者不完善的信息处理技术。下面将分别讨论这三个问题。

图书馆检索的问题

每个综述者都可能会发现,在他们的个人或单位的图书馆里,找不到他们需要的一些可能相关的文件(根据题目或摘要查询)。综述者需要在多大范围内检索所需的文献呢?馆际互借是一个可行的办法。正如在前面提到的,通过馆际互借可以获得一些硕博士论文,或者,也可以从国际大学微缩胶卷公司购买一些学位论文。

有时,个人联系常常很少有人响应,另一种可能就是直接联系原始研究者。综述者能否检索到原始研究者提供的文献,部分上要受所需文献的保存时间和索要文献者的地位的影响。

总的来说,确定在检索文献上该付出多少努力是很困难的。研究者应该考虑以下因素:(a)符合要求的文献是否包含着相关信息,如果包含,有多少?(b)在所有已知相关的文献中,难以找到的文献所占的百分率是多少?(c)执行额外的检索程序所花费的成本(比如馆际互借较便宜,购买学位论文较贵);(d)综述者操作的时间限制。

不完整和错误的研究报告

在数据检索阶段,也许最让人沮丧的是综述者得到了原始研究报告,但是报告中并没有他们所需的信息。对打算使用元分析的研究综述者来说,首先要关注不完整的报告。一些报告中可能缺少了统计结果的信息,这就会妨碍元分析者估计两组之间或两个变量之间的差异程度。另外,一些报告中可能缺少了对研究特征信息的描述,这就会妨碍元分析者判断研究结果和研究操作之间的相关性。对于这些缺失的数据元分析者应该怎么办?下面将介绍一些用以解决上述常见问题的惯例。

不完整报告的统计结果

在研究报告中,有时包含了原始研究者执行的、不充足的统计程序结果信息。当结果非显著时,这些统计数据往往被省略了。当某一关系或比较被报告为"不显著",并且原始研究者也没有给出相关的均值、标准差、推理检验值、p值或效应量,综述者的选择余地就很有限了。

联系原始研究者向他们索要信息是一个选择。正如我在前面谈过的,这个策略的成功,部分取决于能否找到研究者和索取信息者的地位。研究者检索信息的难易程度决定了获取信息的可能性。如果这项研究比较陈旧,如果综述者渴望得到的分析和原始操作差别很大,或者要求索取的信息量比较大,那么获取信息的机会就比较小。

把这些比较当作尚未检验的无效结果来处理是另一个选择。也就是,假定概率为0.5(单尾的情况下)且关系强度为0时,任一统计分析都包括这样的比较。期望这种惯例对元分析的结果有保守性的影响,也是比较合理的。总之,与准确知道非显著性关系的结果相比,当应用这一惯例时,平均关系强度更接近于0。

在元分析中排除比较是第三种选择。与得知的缺失值相比,这种选择可能会导致较高的平均关系。如果其他所有条件都是相同的,非显著性结果将和抽样估计分布中较小的关系估计相关。

相对于已知数值的数量,特别是如果缺失值存在较少,大多数元分析者会采用第三种选择。如果元分析者能够根据他们研究结果的方向对缺失值比较进行分类,也就是说,如果他们知道哪组的均值更高或知道这种关系是正相关还是负相关,这些比较就能够包括在计票程序中(在第5章中讨论)。使用投票数,便可以估计一项关系强度的大小(Bushman and Wang, 1995)。

如果在众多比较中发现了缺失的结果,在排除了缺失值并把他们算作完全无效结果的情况下,元分析者便可以计算平均关系。这样,元分析者就可以确定他们在总体结论中使用的不同数据假设是否相同。当统计学家使用不同的假设分析相同的数据时,被称为"灵敏度分析"。

除了一些不完整的报告外,还有一些报告的统计数据也是不准确的。许多报告描述的是当统计检验达到 $p < 0.05$ 的显著性水平,而不是描述与推论测验结果相关的准确概率。在这种情况下,必须依据 p 值计算他们期望的统计量的元分析者,可以通过重新计算 p 值来反映其精确值。

有时候,报告中会包括一项比较的统计结果,但是元分析者仍不能得到他们所需的信息,因为这一检验程序是原始研究使用的。综述者在作定量合并时,通常发现两个原始分析不能采用同一标准衡量,因为它们是建立在不同的分析设计的基础上。举例来说,如果一个研究报告了一项简单的 t 检验比较,主要测量了酒精和控制组的攻击性,而其他研究报告了一项方差分析,主要是把参与者的性别和年龄作为设计中的额外因素。在所有条件都相同的情况下,假设性别和年龄效应——第二个实验产生的概率水平较小而酒精的效应较大,主要是因为在第二个分析中,酒精与控制比较差异的误差项较小。

格拉斯等(Grass et al.,1981)通过在研究设计中使用了许多不同的因素,勾画了从研究结果中得到的相等的统计结果方法。实际上,在实施必要的转换时,原始研究者很少能详细充分地报告他们的研究结果。为了确定一项研究的统计结果与分析中的若干因素是否相关,元分析者应该使用实证研究方法进行检验。如果发现是相关的,综述者应该分别报告从研究分析中得到的结果,并且这些结果仅使用感兴趣的单一因素。

当检验和表达相同的关系时,一些原始研究者使用了"参数统计"(假设为正态分布的统计),而另一些研究者使用了"非参数统计"(对分布没有做出假设),这时又会产生其他的问题。比如,如果一位研究者通过计算由每位参与者控制的"平均冲击强度",测量了酒精研究中的攻击性(使用参数检验),其他的研究只是简单记录了每个参与者是否进行了攻击(使用非参数检验)。通常,建立在假设基础上的统计方法比其他方法远具优势。而从较少使用的方法中得出的统计量也能转换为使用主导方法得出的统计量,并且综合起来就像他们共同使用的主要假设一样。只要转换的数量少,结果就不会有大的偏差。如果参数检验和非参数检验之间的分歧相对均衡,就应该分别检查这两组研究。

最后,在统计分析中还存在着误差问题。在统计分析中,尽管没人确切知道存在的常见误差有多少,但元分析者应该对研究报告里描述的统计量进行交互检验,以确保研究结果中不包含野值(wild value),并且在一项比较中报告的所有结论彼此间是相互一致的。

不完整报告的其他研究特征

除了研究结果以外,研究报告里面可能会遗漏有关研究细节的信息。例如,报告中常常缺少了样本构成的信息(如样本的性别、年龄或种族构成)或处理特征(如处理真度或强度)。元分析者也需要这些信息,他们可以据此分析处理效应或关系量是否与在进行了比较或估计的条件下相关。当缺少了这种类型的研究信息,尽管这些信息可能包括在其他的分析中,并且所需求的信息是可靠的,元分析者则必须从分析中排除比较。

元分析者关注的数据缺失数量已经高于研究特征中的缺失数量,原因将部分取决于这些数据为什么缺失。一些数据的缺失是随机的。也就是说,在说明一些研究报告为什么包含这些研究特征的信息,而在另一些研究特征中没有被包含时,没有系统地原因来解释。如果是这种情况,检验了研究结果和研究价值特征关系之间的分析结果,就不会受到缺失数据的影响,当然,丧失统计力的情况下除外。

如果原因数据的缺失与研究结果或者与缺失数据值相关,那么这个问题就比较严重了。如果说是这种情况,缺失数据就会影响到分析的结果。比如,如果研究结果表明了酒精对攻击行为有显著性影响,原始研究者便更有可能把研究中的参与者报告为所有男性。"非显著性效应"往往和混合性别的样本有关,但是元分析者不知道,因为发现非显著性结果的研究者较少倾向于报告样本的组成部分。那么在这个案例中,元分析者就很难发现性别和酒精效应量之间的关系。

皮戈特（Pigott, 1994）在处理缺失研究特征上提出了一些策略。第一，提到研究结果，可以在分析中排除比较。第二，缺失值可以填充到所有感兴趣的研究特征的已知数值中。缺失值可以由对研究特征感兴趣的所有已知值的平均值填充。除非提升它的统计力，否则这一策略不会影响分析结果。在一个分析中，如果元分析者想检验若干研究特征，那么这个方法再合适不过了。在这种情况下，一个单一的缺失值可能导致删除整个研究，这样做是我们所不希望的。第三，可以通过回归分析来预测缺失值。实质上，这个策略就是使用其他研究中发现的缺失变量的已知数值来预测缺失数据点的最可能值。为了估计缺失数据，皮戈特还描述了一些比较复杂的方法。

在大多数情况下，我建议元分析者使用比较简单一点的方法来处理缺失数据。使用的方法越复杂，它面临需要证明的假设就越多。同样，使用比较复杂的方法，进行灵敏度分析就变得越加重要。在分析过程中，当缺失值被简单省略时，比较使用填充的缺失值结果与得到的结果通常是个好办法。

编码研究结果的不可靠性

编码错误的来源

就像在数据分析中研究者有时会犯一些错误一样，这些错误也有可能发生在数据记录的过程中。当研究综述者从研究报告中提取信息时，对他们来说，转录错误（transcription errors）也是一个问题。罗森塔尔（Rosenthal, 1978）总结了 21 项研究，主要分析了记录错误的频率和分布。这些研究显示，所有记录数据的错误率范围是从 0% 到 4.2%。在所有记录中，倾向于确定研究的初始假设在同一方向上的错误占 64%。

记录错误并不是研究编码里不可靠因素的唯一来源。有时候，编码不可靠主要是因为原始研究者的描述不清楚。有时候，研究综述者提供的含混不清的定义导致了一种异议，主要是对一项研究特征如何进行合适的编码。最后，正如我在前面提到的，编码者的倾向也会引导他们朝向自身所青睐的解释方向编码。

在一个综述研究中,司多克、奥肯、哈林、米勒和金尼(Stock, Okun, Haring, Miller, and Kinney, 1982)经实证研究检验了一些不可靠的编码。他们让三个编码员(一个统计学家和两名博士后教育研究者)从 30 个文档中记录了 27 个不同的编码类别。司多克和同事们发现一些变量,例如参与者年龄的平均数和标准差,是比较理想的或接近于理想的编码。只有一个命题,即研究者使用的抽样方法的类型,编码者的平均接受程度不到 80% 。

缩减和估计编码者的错误

虽然原始研究的编码者检索的信息是十分可信的,但采取一些确保编码可靠性的措施是十分有益的。尤其是当需要编码的研究数量很大,或者进行编码的编码者所受的研究训练有限,这一做法的作用就突显出来。尽管如此,综述者还应把编码研究作为数据搜集的标准化训练。综述者应当遵循第 2 章讲过的规则编制全面的、内容丰富的编码单。编码单应当附有解释每个条目含义的编码本。在编码开始前,编码者应当制定出需要讨论的内容和实际案例。

编码者获得可靠的数值估计常常也是很重要的。在实际编码开始前,应使用控制组的研究评估信度。只有在交互编码信度达到了可以接受的水平时,才能开始编码工作。编码开始后,综述者可以随机选择研究来检查编码者的信度。

有很多种方法可以用来量化编码者的信度,但这些方法中仍存在着一些问题(见 Orwin, 1994,全面回顾了评估编码的决策)。在研究综述中有两种方法比较常见。最简单的,研究综述者可以报告编码者之间的"认同度"。"认同度(agreement rate)"是指用一致认可的编码数量除以编码的总数量得出的值。科恩的"卡帕方法(Cohen's Kappa)"也比较常用,它是测量一致性程度和信度评价的有效指标。卡帕方法也可以定义为编码者在研究方法上取得的进步。

一些综述者会把认同度和卡帕方法一起报告,同时他们也会分别报告每个编码的研究特征。其他综述者会让两个编码者检查每一项研究,然后比较编码,接着通过讨论或与第三个编码者商议来解决编码的差异。使用这种方法进行编码的信度较高。也有一些综述者会让个别编码者标注出他们最不确信的编码,然后在小组会议中讨论这些编码。使用这种方法进行编码的信度也比较高。

综述案例

在家庭作业效应的研究综述里,通过文献搜索检索到的可能相关的文章不足 12 篇,并且这些文章也不能应用于研究综述。因为它们大多很陈旧,而且多是在北美以外发表的,或是未公布的文献。在这些文献中,被判断为实际上是可能相关的文献不到总文献的 5%。

人际期望效应中人格调和的研究综述面临的最大难题是缺失数据。这是因为相关系数通常被报告为不显著,相关关系量也没有给出。确定一篇发表的期刊文章是否是一篇学位论文报告,是一种弥补缺失数据的方法。如果是,就可以得到完整的学位论文。这些完整的学位论文通常包含了对数据结果更完整的描述。

最后,家庭作业综述包括了一个正式的信度检验,主要检验的是被编码的研究。两个编码者计算了涉及 13 种类别的卡帕系数和一致性百分比。信度估计表明"完全同意"的类别有 7 种。当编码者检索学生每周做的家庭作业数量时,最低的信度为 $k = 0.71$,"认同度"达到了 79%。每当出现"不同意见"时,这两个编码者要一起检查这个研究并解决它们存在的差异。

确认独立比较

数据评估阶段必须做的另一个重要决策,就是如何确认独立比较或估计关系强度。有时,一个单独研究中可能包括了相同比较或相同关系的多元检验。出现这种情况有两个原因:第一,对可能使用的相同构想进行了多次测量,并对每次测量进行单独分析。比如,一位酒精研究者会通过自我报告和观察来测量攻击性。第二，在同样的研究中，使用了不同的抽样人群，并对他们的数据进行单独分析。比如在对强奸态度的研究中，研究者提供给所有参与者的情境相同，但分别对男性和女性进行了单独分析，就会发生这种情况。在这两个例子中，相同研究中的单独估计也不是完全独立的，它们会受共同的历史和环境的影响。在前一个案例中，从同样人群中搜集的信息也是其影响因素之一。

非独立比较的问题可以进一步研究。有时候，单独的研究报告描述的研究不止一个。有时候，多个研究报告描述的研究是在同一实验室进行的。综述者可能归纳出在同一地点进行的研究，即使它们在单独的报告中出现了很多年，仍有某些不变因素可以表明这些研究结果不是完全独立的。有相同的同样倾向的原始研究者可能会使用同样的实验室，并从同样的人群中选出研究参与者。

在许多情况下，尤其是综述者想要做元分析时，他们必须确定统计检验何时可以被认为是独立事件。下面提供了一些在研究综述中使用的可供选择的、适当的分析单位。

实验室作为单位

把实验室或研究者作为最小的分析单位是确认独立统计检验最保守的方法。这种最保守方法的倡导者指出，与在同一实验室中经过重复研究得出的信息价值相比，从独立实验室报告的相同数量的研究中获得的信息价值更重要（通过计算组内值 r，可以评估从同一实验室获取的独立研究的实证程度）。这种方法要求综述者搜集在同一研究实验室做的所有研究，并推导出研究结果的总结论。然而，这样做也会产生一个弊端，就是要求综述者要在综述的范围内做综述，因为对如何综合研究结果这一问题，他们首先必须在实验室内做出决策，然后才是在实验室之间作出决策。

这种方法实际上很少用。通常它被认为是太保守、太浪费信息资源，这些信息资源主要来源于不同研究结论的变化分析，甚至是同样场所的研究。当然，在搜索研究结果的调节量时，使用研究者作为一个研究特征来确定实验室或研究者是否与研究结果的系统差异相关是有可能的。

研究作为单位

使用研究作为分析单位,要求综述者对单独研究报告的所有相关比较的结论作出总决策,而不是仅仅汇总很多研究的研究结果。如果单个研究中包含了很多相同比较检验的信息,综述者便可以计算出平均结果并在报告中描述出来。或者,也可以使用中间结果。如果存在一种合适的测量方式,比如说,一个具有良好描述特征的特定强奸态度量表,那么这一研究结果就可以代表整个研究。

使用研究作为分析单位,确保了每个研究对总的综述结论所起的作用是相等的。举例来说,在一项估计强奸态度和权力需求关系的研究中,使用了两个年龄组和两个不同的态度量表,一共包含了四种相关关系。使用某种方式计算出它们,从报告中获取的某一单相关关系同时也确保了对其他报告(由一个年龄组和一个态度量表组成)以同样的思考。

一项研究由什么构成,综述者对此问题的判断将带有一定程度的主观性。例如,综述者可能会认为,一篇单独的期刊文章或稿件里的所有结果是一项研究。其他综述者可能会认为,一份把结果分成独立研究的报告里包含的研究不止一个。遗憾的是,这种描述并不是像我们希望的那样清楚。

样本作为单位

如果是对独立的样本人群进行检验,使用独立样本作为单位时,一个单独研究提供的统计检验会不止一个。因此,对强奸态度研究的综述者会认为,对同样研究中的男性和女性作的统计检验是独立的。

使用独立样本为单位假设的是:最大程度上的差异是来自于同样研究的统计检验,并且是对相同主题进行的数据收集。虽然排除了共同变异量,但是存在于研究水平中的其他依赖来源却被忽略了。

当元分析者计算跨单位的平均比较或关系时,测量每个独立单位是个很好的做法,根据它的样本量——可以是一个研究内的样本或整个研究的样本（第 5 章会进一步讨论这种方法）。那么，不论研究内或整个研究的独立样本是否作为分析单位使用，比重在功能上是等同的。

比较作为单位

使用独立比较或估计关系强度是确认独立分析单位最开放的方法。原始研究者计算的每个单独估计都会被研究综述者当作独立估计。这种方法的好处在于它不会丢失任何关于研究结果潜在调节量的研究信息。缺点在于估计的假设是独立的，需要大多数的综述统计结果。在任何有关总的结论的结果中，这些研究结果所占的比重也不是相等的。相反，这些研究将有助于把与统计检验数量相关的总的结论包含在内。在对强奸态度和权力需求研究的例子中，与有一个比较的独立研究相比，有四个相关比较的研究将对前者的总体结论产生四倍的影响。但这未必是一个很好的衡量标准。

转换分析单位

确认比较的一个折衷办法是使用转换的分析单位。特别是最初被编码的每个统计检验就像是一个独立事件的时候。因此，一个包括了四个统计比较的单独研究会产生四个单独的编码单。每个编码单都有细微的差别，根据各方面的样本、测量方法或设计特征的不同以便与统计结果相区别。接着，当一个综述的总体累积结果产生了，统计结果就会被加权，所以每个研究或样本对总结果所起的作用都是相等的（或者仅根据样本大小而不是统计检验数进行加权）。在所有研究中，包含了四个比较的研究已经把得到的结果进行了平均，并把它作为一个单个值加入到分析中。

然而，在检验总体结果的潜在调节量时，仅限于在单独调节变量分类的范围内综合一项研究或样本的结果。比如，假设一位元分析者选择使用研究作为基本分析单位。如果对强奸态度和权力需求的研究，分别描述了男性和女性的相关关系，这个研究仅对总体分析提供了一种相关关系——男性和女性的平均相关关系——但是两种相关关系分析的是态度持有人的性别对相关关系大小的影响,即一种针对的是女性组,一种针对的是男性组。进一步来说,假设这个研究根据性别差异报告了强暴迷思(rape myth)的接受程度和怪罪受害人(victim blame)的不同关系,那么,总共产生了四种相关关系。然后,在分析性别对研究结果造成的影响时,两个不同态度等级的相关数将被均分。当把态度的类型作为调节量分析时,由于性别差异,因此,两个与性别有关的相关数将会被均分为不同的等级。

实际上,转换单位技术确保了对比较和关系强度的影响的分析,一项单独研究可以给每一类的调节变量提供一个数据点。这是一个很好的折衷方法,这种方法使研究保留了最大的信息价值,同时也遵循了独立统计检验的假设。但是这个方法也不是完美无缺的。首先,有时创造(或再创造)用于分析每个不同调节量的平均效应量会让人感到困惑。其次,对于单独分析中的研究结果,当元分析者希望研究对其的多重影响因素时,并不是一次只分析一种,分析单位可以很快分解为个体比较。

统计调整

劳登布什、贝克尔和卡赖恩(Raudenbush,Becker & Kalain,1988)曾提出了非独立假设检验的统计解决方法(同见 Gleser & Olkin,1994)。他们创造出一种研究方法,这种方法是建立在最小平方回归基础之上,统计调整了多重研究结果之间的相互依赖关系和整个研究中的不同结果数量。综述者拥有相互依赖的统计检验关系的可靠数值估计,是成功使用这种方法的关键。

比如,假设与强奸态度有关的一□□□□□量强暴迷思的接受程度和怪罪受害人的行□□□□□和他的同事们(1988)的方法,综述者必须□□□□为样本的两个等级之间的相关关系。原始□□□□出这类数据。如果没有,就需要从别的研究中估□□□获得取值范围,可以运行低和高的估计分析。

综述案例

这四个例证性的研究综述都是使用样本作为基本的独立单位。可以根据分析进行单位转换（变小）。分析与强奸态度相关的研究综述归纳了 65 个研究报告，包含了对 103 个独立样本进行的 72 项数据研究。原始研究者一共计算了 479 个相关系数。对于总体分析，使用了 103 个独立样本作为研究单位，并且所有的相关系数都在样本范围内进行平均。然而，五个原始研究者已经把两个等级给了作为同一样本的参与者，所以一项关于不同强奸态度等级的平均相关数的差异分析，主要是建立在 108 个相关系数的基础上。

人际期望效应人格调和的综述展示了 17 项研究报告，报告里描述了 24 项研究，这些研究检验了一张照片在评级情况下（photo-rating situation）的期望效应。一个报告，一本书，包括了 6 项研究。这 24 项研究包括了 106 个相关系数。在一项研究中，相关系数的中位数是 2，但在另外 4 项研究中发现，不同的相关系数分别是 10、15、16 和 18。最重要的分析检验了四种类别的实验者人格（社会影响力的需求、表现力、亲切性及其他）和三种类别的受试者人格（易受影响性、解读能力及其他）。每种类别的每一研究的相关系数都要进行平均。因此，在此分析中，共使用了 48 个独立（平均）的相关系数。

评估研究的效度问题

在本章，我已经讨论过综述者在研究中需要面临的影响效度的若干问题。这些威胁涉及原始研究的质量评估、缺失数据、检索信息的信度和分析单位的选择。

首先，除了方法论质量标准外，使用任何一种评估标准来排除或评估研究都会对综述结果的效度造成威胁。正如马奥尼（Mahoney，1977）所说，"从某种程度上讲，研究者展示给我们能充分理解这一过程的证实性偏差和能够被人们所接受的参数可能受到了严重损害"（p.162）。评估偏差会妨碍我们对研究的理解,承认这一点对我们的研究是有益的。

其次,原始研究者提供的不完整报告也会危及综述的效度。我们已经看到,许多研究报告忽略了对统计检验的讨论或仅提供了一些不完整的检验信息。在研究综述中,不完整的报告所占的比例越大,围绕着综述结论的置信区间也就越广。

与此相关的,不可靠的研究编码结果也会对综述的效度构成威胁。大多数情况下的编码信度都非常高,但是不能保证所有的编码者或编码工作都是这样。

最后,如果综述者把适用于独立数据的单位计算错了,综述结果也会值得怀疑。使用错误的数据会增加独立数据点的数量,并且会导致过高估计统计检验的能力。

保护效度

在这一章,我提到了许多增强数据评估阶段结论可信性的方法,包括:

1. 综述者应尽最大努力确保存在一些预先的、概念的和方法论的判断,这些判断可能会影响综述(而非综述结果)里包含或排除的研究的结论。如果研究的是不同的加权,那么加权方案必须明确、合理。
2. 分类研究方法的途径应当尽可能地像许多研究设计的特征一样全面、详尽。综述者应该详细地描述与研究结果相关的设计特征和分析结果。
3. 当综述者遇到不完整或有误差的报告时,需要说明清楚应该使用什么样的惯例。为了保险起见,应该使用多种办法来分析缺失数据。
4. 使用训练方法和评估方法以减少研究中不可靠的信息检索。如果可能,要让几个编码者检查研究。编码者之间的认同度应该量化并进行报告。导致意见不一致或低可信度的编码应经多方讨论。
5. 对分析单位的选择,应建立在统计考虑和正在研究的具体问题的属性的基础上。综述者应该仔细描述和证明所选择的分析单位的合理性。

练 习

1. 列出一组你认为是"好的"或"差的"研究标准。按照这些标准对研究质量的影响程度给它们分级。与你的同学比较这些标准和区分等级。比较你们的列表之间有何异同？

2. 和你的同学商定一组标准和评估等级。同时,确定一组相同主题的研究。然后在研究中独立应用这些标准。比较你列出的分级。它们有什么不同？为什么会产生这样的分级差异？在今后的应用中,为了减少差异,应如何修订这些标准？

3. 使用同一组研究,再次和你的同学一起记录每个研究报告的如下信息:(a)样本量;(b)对抽样人群的限制;(c)对研究质量的总体评价;(d)对主要变量感兴趣的比较组(或其他数据)的平均数;(e)是否证实了原假设;(f)主要感兴趣的推论检验的类型和显著性水平。上述标准,你赞成多少,不赞成多少？你最不赞成哪些标准？理由是什么？

第5章 数据分析阶段

第5章主要介绍了一些统计方法,这些方法有助于综述者对统计结果进行深入的综合统计分析。在这些方法中,有计算研究结果的、有进行联合概率推论检验的、有平均效应量的,还有通过不同研究来检验效应量可变性的。本章最后总结了数据分析阶段的效度问题。

数据分析就是将调查者收集到的分散数据点,精炼为对所研究问题的综述过程。该过程要求研究者对数据进行排序、归类,从而进行概括。正如第 1 章所述,数据分析要求使用决策规则来将系统性数据模式与"噪声"和"偶然波动"区分开来。尽管可以采用不同的决策规则,但是该规则应包含两个假定条件:一是在目标总体中"噪声"看起来像什么(例如,正态分布误差);二是一种数据必须满足什么标准才被认为是可信的。数据分析的目的是将数据转化为能够给出有效解释的形式。

社会科学研究中的数据分析方法

正如任何科学调查都要求从具体操作向抽象概念飞跃一样,原始研究者和综述研究者都必须使从样本数据中发现的模式上升到更为一般的结论,主要用以说明该模式是否也存在于目标总体内。然而,直到 20 世纪 70 年代中期,在两类研究者采用的分析技术方面,几乎没有类似之处。前者被要求构造检验统计量,通过假设检验进行推论,并给出相应的计算结果。从更为频繁的意义来讲,原始研究者会:(a)比较样本化均值和标准差或者测度相关关系;(b)对需要实施的与总体样本结果相关的推论检验做出假设;(c)报告与样本误差有关的系统差异是否也能够推论样本概率。

旨在对统计数据进行原始解释的传统统计,并非没有受到批评。有些人认为显著性检验的作用没有那么大,因为其只告诉我们,当虚无假设成立时,得到该观测结果的可能性有多大(例如,Cohen,1994;Oakes,1986)。这些批评家认为,在许多总体中,虚无假设几乎从来不为真,因此一个给定检验的显著性主要受样本容量大小的影响。此外,对显著性检验统计量价值持怀疑态度的批评家们指出,许多统计检验涉及的事件总体也有一定的局限性。不论一种关系在统计意义上如何显著,研究结果仅仅对参加特定研究的参与者具有更为一般的意义。

对统计量价值的质疑,有助于使用该统计量的学者改进自己的研究方法,从而能够把得到的结果以正确的方式输出出去。毫无疑问,许多原始研究者应用统计量,如果没有利用统计方法提供的帮助(或者说可信性)来对原始数据进行总结,那么他们当中有很多人会感到极度不安。

与原始研究者相反,直到最近的研究中,综述研究者没有被要求在他们的数据分析中应用任何标准的统计方法。从传统意义上来讲,综述者在解释他们的数据时,可能甚至采用了连自己也不明白的直观的推论规则。综述的分析方法因各综述分析者的看法不同而不同。因此,在综述研究中,对有关推论的共同规则进行描述是不可能的。

在文献研究分析中,由于研究中主观性的存在,所以研究者可能会对结论有一些置疑。为了解决这个问题,统计方法论学家将定量研究方法引入到综述分析过程中来。该方法建立在包含在独立研究中的原始研究统计的基础上。

元 分 析

在第1章我曾提到,对综述研究影响最大的两个因素是:研究总量的增长和计算机化研究检索系统的迅速进步。第三大影响因素是将定量研究方法即元分析引入到综述研究的过程中。

随着社会科学研究的激增(explosion),综述者对标准化研究的缺乏给予了极大关注,即如何通过一系列相关研究得出一般性的结论。就许多主题领域而言,对每个相关研究做一种单独的语言描述已不再可能。有一种传统策略是从几十个或数百个研究中挑出来一两个集中进行研究,但这一策略无法准确地描绘知识的累积情况。当然,在许多研究领域,为了使读者能够理解原始研究者使用的研究方法,综述者必须描述"原型"研究。然而,如果以"原型"研究得出的结论代表所有研究的结论,那么,就会严重误导综述者对研究结论的认识。首先,正如我们已知的,这种选择性关注对证实性偏差是开放的:综述者可能只会强调那些支持他(或她)初始立场的研究。其次,在所有研究中,仅仅选择性的关注了其中的部分研究,并且对这些有效检验的测量较少或不精确。对整个结论,他们没有进行累积分析,而只是介绍了其中一两个的研究结果,因而对读者来说,得出的结论没有说服力。最后,选择关注的证据并不能正确估计相关的关系强度。随着与某一主题相关的证据不断累积增加,研究者对"有多少"而不是简单地回答"是或否"的问题变得更加感兴趣。

当思考不同的研究结果之间出现的变化时,传统的综述者也面临着此种情况下会遇到问题。综述者会发现,研究结果的分布共同使用着某一特定程序的特征。他们发现,想要准确归纳出程序的变化是否会影响研究结果这一问题并不是一件容易的事,因为使用任何单一方法所导致的结论变化意味着采用不同方法得出的结论分布会出现重叠的部分。

这样看来,在许多情况下,综述者们不得不借助于定量分析方法。综述研究采用的定量推论程序是对日益增多的文献资料的必然反应。如果统计量运用得当,就可以增强综述结论的有效性。定量综述研究是同一推论规则的延伸,它需要在原始研究中进行严格的数据分析。如果原始研究者必须详细说明数据和他们的结论之间的定量关系,以后的数据使用者也应该进行说明。

元分析简史

20 世纪初,卡尔·皮尔逊(Karl Pearson,1904)对一种伤寒疫苗是否适合使用进行了检验。他从 11 个相关研究中搜集数据,然后计算出了每一项研究的最近发展统计,称之为相关系数。根据结果变量的不同,他把研究分成两组,然后对两组研究的治疗效果的测量值进行平均。在平均相关关系的基础上,皮尔逊总结出其他疫苗的治疗效果更好。这就是我们知道的最早的定量综述研究。

吉恩·格拉斯(Gene Glass,1976)介绍了"元分析"这一术语,说明了从个别研究中"为了综合研究结论的目的"(p.3)对结论进行的统计分析。他(Glass,1977)写道,"……研究的累积成果,应该被视为是复杂的数据点,与一项单独研究中的数百个数据点相比,如果不对这些复杂的数据点进行统计分析,它们就更难于理解。"(p. 352)。早在 1976 年以前的统计文本和文章中,就出现了元分析研究方法的应用(Fisher,1932;Pearson,1933;若想回顾,参见 Olkin,1990),但是应用的案例非常少。如今,不断扩充的数据库和对综述研究日益增多的需求推动了元分析方法的普遍使用。

在皮尔逊(Pearson,1904)所作的研究综述 75 年之后,罗森塔尔和鲁宾(Rosenthal and Rubin,1978)也做了一项研究综述。他们研究了人际期望在实验室、教室和工作场所等地方对人们行为的影响。他们找了 345 个(而非 11 个)适合他们假设的研究。几乎同时,格拉斯和史密斯(Glass & Smith,1978b)做了一次班级人数与学习成绩之间的关系检验。他们约从 900 000 名学生的数据中找出了 725 个(而非 345 个)关系的估计。史密斯和格拉斯(Glass & Smith ,1977)也收集了一些有关心理疗法效果的评估。文献里说明了 833 个治疗检验。亨特、施米特和亨特(Hanter,Schmidt,and Hunter,1979)展示了 866 份比较,主要说明了黑人雇员和白人雇员就业测验的区分效度。

每个研究小组都得出了一个不可回避的结论:传统研究综述的时代已经结束了。三个小组分别重新发现和使用了皮尔逊解决问题的方法来解决他们遇到的问题。很快,他们有了新的加入者,其中就有莱特和彼莱玛(Light & Pillemer,1984)。莱特和彼莱玛编写了一本书,集中阐述了综述研究在社会政策领域的应用。赫奇斯和奥肯(Hedges & Olkin,1985)还提供了严格的统计证明,从而使得元分析作为统计科学里一种独立的研究方法的地位确立下来。我建议,研究综述过程应被概念化,从而能够与原始数据搜集采取的方式相同,同时还要坚持科学严谨性的同一标准(Cooper,1982)。

元分析也并非没有批评者,并且有些批评现在仍然存在。定量分析的价值也一直受到质疑,正如对原始数据分析的质疑一样(例如,Barber,1978;Mansfield & Bussey,1977)。然而,很多对元分析的批评,与其说是对其本身,不如说是对更普遍意义上不合理的综述方法的批评。比如说操作细节的缺乏,这也被误认为是使用定量研究方法的"副产品"(见 Cooper & Arkin,1981)。

有证据表明,元分析现在已经成了被大家所接受的方法,并且在社会科学和医学领域的应用在继续增加(Mann,1990)。格林伯格和福尔杰(Greenberg & Folger,1988)宣称,"如果有迹象表明当前的研究者对元分析方法感兴趣,那么就使用它。"(p.191)

何时不做元分析

本章将用较大篇幅描述一些基本的元分析程序及其使用方法。最重要的是明确指出了,在哪些情况下综述里使用定量分析方法是不恰当的。

首先,定量研究方法仅适用于研究综述而不适用于有其他重点或目标的综述(见第1章)。例如,如果综述者对追溯"自我实现预言"这一概念在历史上的发展轨迹感兴趣,就没必要作定量分析。对于人际期望效应的不同定义是否会导致"自我实现预言"发生的不同可能性,如果综述者打算对此进行推论,那么定量分析总结相关的研究是很有必要的。

其次,在研究综述中采用统计数据的基本前提是:一系列的研究都服务于同一概念假设。如果这一主张没有包括在综述的前提内,那么就没有必要采用累积的统计数据了。同时,对于比读者会发现有用的更广泛概念水平上的研究,综述者不应该进行定量合并。事实上,作为检验一个单独的概念假设,大部分的社会科学研究都可以进行归类——社会刺激影响人们的行为。的确,从某种意义上讲,这样的假设检验可能颇具启发意义。但是,这并不能作为把大量的概念和假设放在一起使用的一个理由,综述的使用者不能忽视它们之间的区别,这一点是非常重要的(见 Kazdin,Durac & Agteros,1979,关于这个问题的"灰色处理")。例如,关于人际期望效应中人格调和的综述提供了一个例子,说明了什么时候进行研究的定量合并是可能的,但并不是有利的。综述者找到了用于检验广义概念假设的33份研究。其中有24份检验了实验者对照片等级目标的期望效应,有6份在其他的实验情境中使用,1份在教学环境中使用,还有2份是在模拟治疗环境中使用。综述者没有把以上所有这些研究都综合在一起,只是对照片等级目标的研究进行了元分析。在更广义层面实验背景下得到的累积结果和基于此累积结果基础上声称的生态普遍性可能会误导人们,因为在所有的比较中,超过了三分之二的比较是在一种特定环境中进行的。

另一个说明了不宜做作定量分析的例子是酒精与攻击性的综述。在这个综述里,分别分析了两组比较,一组是酒精与无处理控制的比较,另一组是酒精与安慰剂控制的比较。即使这两组都比较评估了酒精的影响,但如果把它们合在一起使用,显然无法提供有益的信息。当假设里包括了控制比较时,综述者会发现,对控制类型的区分是很重要的,这样,在定量分析里使用的控制比较就不至于模糊不清了。

综合综述结果的技术的影响

尽管很难估计传统综述研究和定量综述研究的相对效度,库珀和罗森塔尔(Gooper & Rosenthal,1980)却阐述了它们之间的客观差异。在这一研究中,他们要求研究生和大学老师评估一份文献的一个简单假设,假设的内容是:在"工作坚持"方面是否存在性别差异? 所有的综述者都评估了同样的研究,其中一半的综述者采用了定量分析方法;而另一半采用了他们所青睐的任一标准。在后一种情况下,没有人选择使用定量分析方法。作者发现,与非统计综述者相比,统计综述者更支持性别差异假设和变量间的较大关系。同时,尽管这一结果没有达到统计显著性程度,统计综述者往往认为,日后非统计综述者对这一结果的重复使用(replication)也是必不可少的。

由于定量综述研究者采用了不同的统计程序,因此他们的综述结论也可能会有所差别。在带有参数模型的定量分析研究中,已经出现了一些不同的范式(Hedges & Olkin,1985;Hunter & Schmidt,1990;Rosenthal,1984),而其他的范式可以和贝叶斯定理(Bayesian Perspective)一起使用(Louis & Zelterman,1994;Raudenbush & Bryk,1985)。在研究过程中,进行这样的研究有很多行之有效的方法,通过使用这些方法,可以合并独立研究的概率,来计算总体研究的概率(见 Becker,1994)。在某种程度上,使用不同的方法产生的概率水平也会有所不同,同时,不同的综述者之间进行定量分析采用的规则也不同,这就造成了他们在如何解释综述结论上的差异。我们可以假设非定量研究综述者采用的规则也是不同的,再加上它们性质不明确,因而正式比较起来较困难。

主效应和交互作用分析

在检验综述者使用的一些定量研究方法之前,仔细察看累积研究结果的一些特性是十分重要的。在问题形成一章中,我指出了许多综述研究都会首先关注主效应的检验。这主要因为,与三个或者更多的交互变量的检验相比,与主效应概念相关的重复使用出现的更为频繁。当然,一旦综述者察觉到主效应关系是否存在,他们下一步的研究会转向检验这种关系的潜在调节量或者交互效应。

在综述研究中,有关相同比较或关系的独立检验结果各不相同,这是主效应和交互作用二者最明显的特征。这种变化有时非常显著,我们需要知道它源自何处。

主效应检验中的变异性

主效应检验结果中的差异主要受两方面的影响:一种是最简单,也是经常最容易被忽视的——抽样误差。甚至在定量综述研究流行之前,塔维杰(Taveggia,1974)已经意识到了这一因素产生的重要影响:

> 一个……评论作者忽略的方法论原则是:研究结果是随机的(probabilistic)。这一原则表明,在这些研究结果中,任何单个研究的结果是毫无意义的——它们可能只是偶然发生的。同时,对于某一特定的主题,如果有大量的研究人员进行了研究,这种"偶然性"决定了在研究报告中会存在一些不一致甚至是互相矛盾的研究结果!因此,似乎是矛盾的结果,可能只是研究结果分布中的一些积极或消极的细节问题引起的。(pp.397-398)

塔维杰强调说明了一种利用概率论和抽样技术来推论总体的方法。

例如,假定测量每一个美国学生的学习成绩是可能的。同时也假定进行测量后,发现做家庭作业的学生和不做家庭作业的学生的学习成绩正好相等——也就是说,这两个总体中的组均值正好相等。然后,抽取容量为 1 000 份的样本,其中包括 50 个做家庭作业的学生和 50 个不做家庭作业的学生,经研究发现,只有少些样本能得出相等的组均值。进一步来说,如果使用 $P < 0.05$ 的显著性水平(双尾)进行统计抽样比较,大约有 25 个比较支持做家庭作业的学生并呈现出显著性差异,大约有 25 个比较支持不做家庭作业的学生。

这种结果上的变异是不可避免的,因为由样本估计得来的均值会与真实的总体值之间有一些出入。因此,只是偶然地,有些比较会将大量的与它们真实的总体值相反方向上不同的样本估计进行配对。

在以上假定的例子中,综述者不可能愚蠢到不考虑"偶然波动"的影响,而认为是别的因素导致了这一结果——毕竟,950 个比较能够揭示无效效应,而显著性结果在两种可能结果中的分布是相等的。然而,实际上,结果的形式很少有这么清楚的。首先,正如我们在文献检索一章中发现的,综述者可能并不知道所有无效的结果,因为它们很难被发现。此外,即使总体关系确实存在于两个变量之间(例如,虚无假设是错误的),有些研究仍然能在与总体结论相反的方向上显示显著性结果。继续以这一例子进行说明,如果做家庭作业学生的平均成绩高于不做家庭作业的学生,其中的一些样本数据仍然会支持不做家庭作业的学生,这一数量取决于相关的关系大小及进行比较的多少。总之,由于抽样估计的不精确性而引起的"偶然波动"可能是研究结果发生变异的来源之一。

综述者对主效应中的第二个变异来源更加感兴趣。这种结果上的差异主要是由研究如何进行或参与研究的主体是谁这两方面造成的。第 2 章引入了"综述产生的证据"这一概念,用来描述我们发现研究特征和结果之间的联系时,所能了解到的东西。比如,有关家庭作业研究的综述者可能发现,对做家庭作业的学生和不做家庭作业的学生成绩的比较研究是在中学生或小学生中进行的,他们是以班级年级(class grades)或者是标准化的测验作为衡量成绩的尺度,并且衡量的是数学课和英语课的成绩。如果研究中的每种差异与做多少家庭作业能够影响学生的学习成绩这一问题相关,那么,这些差异可能就会造成研究结果的系统变异。

研究结果中存在的这两种变异来源,使综述者处于一种非常有趣的两难境地。当所谓的自相矛盾的结果出现时(它们总是会出现),综述者是否应该试着查明在研究中使用的方法的差异并对此做出解释? 或者综述者是否应该只是假设是由抽样误差产生的"偶然变异"造成了这些互相矛盾的研究结果? 一些已经设计出的测试会帮助综述者解答上述问题。实际上,这些测试使用"抽样误差"作为虚无假设。如果研究结果的变化太大以至于不能用抽样误差来解释,那么综述者就应该知道去其他地方寻求答案了——即研究之间的方法差异或实质性差异。我会在后面讨论这些,但现在应该提醒我们注意的是:在研究结果中,这两种明显的变异来源是综述者必须加以考虑的。

交互作用检验中的变异性

显然,在主效应检验中产生的变异性也会影响交互作用检验中的变异性。交互效应和主效应一样,在抽样误差和程序性变异方面也容易受到影响。然而,在分析综述研究的交互作用时,介绍了一些独特的问题。为便于介绍,我将使用双向互动(two-way interactions)测试来讨论这些问题,同时这些概括说明对高阶的交互作用也是适用的。

图 5.1 展示了两份交互作用的假设研究结果。在研究 I 中,对两组学生掌握的资料数量进行了分析:给一组学生布置家庭作业;作为可替代的处理措施,另一组接受了在校监督学习。下面,我将做家庭作业组与在校学习组进行了比较,主要比较的是第一周和课程结束后第七周的情况。

在第一周,做家庭作业的学生掌握的资料少于在校学习的学生。但是在第七周,做家庭作业的学生掌握的资料要多于在

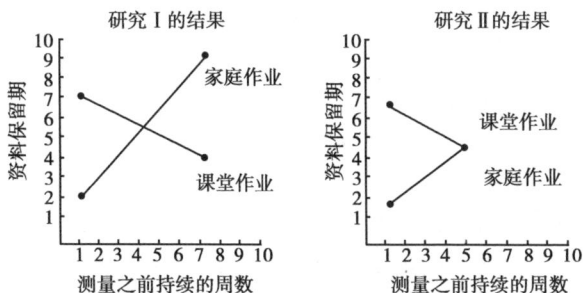

图 5.1　比较家庭作业和课堂作业的两个假设研究的结果

校学习的学生。这就说明,在学习过程中,不同处理方式的效果实现了向相反方向的转变。

假设研究 Ⅱ 使用了同样的处理方式和类似的研究设计。在第一周,做家庭作业的学生掌握的资料少于在校学习的学生,但到了第五周,这两组之间就没有什么显著差异了。不同处理方式的影响在第一次和第二次测量之中"消失"了,并没有实现向相反方向的转变。

这两项研究结果可能会使综述者得出这样的结论:这两个研究产生的结论不一致。毕竟,研究 Ⅰ 表明,最初,在校学生的学习效果更好,但是随着时间的推移,这些学生的学习效果就不如做家庭作业的学生了。而研究 Ⅱ 证实没有起反作用的效果,在这两种学习方式中存在的差异会逐渐消失。进一步分析这两个图,就能说明为什么可能不适合得出这样的结论,即研究是不一致的。如果在第五周进行测量,研究者会发现研究 Ⅰ 和研究 Ⅱ 的结果很接近。同样,如果研究 Ⅱ 的研究者一周进行了七次测量,那么他们也会得出和研究 Ⅰ 相类似的研究结果。

总地来说,当研究者发现了只在一个交互变量的水平上出现的实验效应时,他们可以推测得知在更广泛水平上对变量进行的抽样是否会导致出现逆转效应。然而,综述研究者可能有机会更加自信地得出这样的结论。正如案例所表明的,在不同的研究中,综述者会发现有关交互作用的不同形式或强度,但这并一定意味着他们会得到不一致的研究结果。相反,他们应该分析不同研究中使用的不同变量水平,并且,如果可能的话,用图表的形式把不同水平上的研究结果展现出来。用这种方式,综述研究的一个"好处"就实现了。尽管一项研究可能表明,随着时间的推移,处理上的差异消失了,而另一项研究可能表明了效应的自我逆转,实际上,综述研究者会发现这两项研究的结果其实是完全相同的。

图 5.1 可以用来突出强调研究产生的证据和综述产生的证据之间的区别。首先,图里描述了研究产生的证据是否与处理效应和测量时间之间存在的交互作用有关。每个研究都把有关这一关系的证据包含在内。同时,图里也显示了不一致的研究产生的证据,一项研究表明了差异的消失,而另一份表明了差异的逆转。因此,可以用综述产生的证据来解释存在的这种不一致性。我们可以依靠有关研究特征的信息、处理方法和测量时间之间的区间长度,帮助我们解决遇到的问题。

综述研究的这一优势也强调了在原始研究者的研究中所描述使用的、有关变量水平的详细信息的重要性。没有具体的信息,综述研究者可能无法进行一项与之前介绍的相类似的交叉研究分析。如果研究 Ⅰ 和研究 Ⅱ 中的原始研究者忽略了说明两种测量之间的时间差长度——可能指的是两种测量之间的时间间隔,比如说"间隔短"或"间隔长",这样,就不能说明结果的可通约性(commensurability)了。

综述研究者还必须仔细检查与交互作用报告一起使用的统计分析。比如,在所有其他条件都相同的情况下,与研究 Ⅱ 的研究者相比,研究 Ⅰ 的研究者更有可能报告测量时间和方法之间的显著交互作用。而事实上,假设误差项相同,研究 Ⅰ 中有关交互作用的 F 值应该比研究 Ⅱ 的大好几倍。因此,对综述者而言,检索有关交互作用的详细数据,而不论其统计显著性如何,是极其重要的。当然,问题是,除非交互作用是原始研究者的主要关注点,或者除非交互作用被证明是显著的,否则,在报告里,像图 5.1 中包含足够多的详细信息进行分析的几率是非常小的。

元分析中的交互作用

对元分析中的交互作用进行统计合并是件非常复杂的工

作。事实上,综述者极少合并分析相同交互作用的统计研究结果。部分原因在于对同一交互作用进行检验的研究很少发生,部分在于许多交互作用的检验报告是不完整的。

对整个研究中的交互作用进行统计合并有两种不同方法。一种方法是将与每一研究的交互作用检验相关的单独 P 值和关系强度汇总起来。另一种方法是在第三变量的每一水平上,分别综合两个变量的关系。举例来说,通过综合一个星期后所有的测量结果,然后把这一结果与七个星期后的综合测量结果做一比较,对家庭作业进行研究的综述者就可以估计做家庭作业的学生和在校学生的差别。与直接估计交互作用的效应量相比,这可能更有用,也更容易解释。不过,这样做的前提是,原始研究报告里必须包含需要"分离"的不同简单主效应的信息。

合并独立研究结果显著性水平的方法

在此部分和接下来的部分,我将简单介绍一些综述者可利用的定量分析方法。之所以选择这些方法,是因为它们比较简单且应用广泛。在此,对每种处理方法的介绍将是概念性的和介绍性的。如果读者想知道对这些方法和其他许多方法更多完整的描述,可以参考本书里引用的原始文献。在下面的讨论中,我假设的是,读者对社会科学里使用的基本推论统计已有了基本了解。

对于基于个体统计结果累积基础上的结论的效度,有三个至关重要的假设条件:

首先也是最明显的一条是,用于累积分析的每一个单独结果必须检验的是相同的比较,或者估计的是相同的关系。在概念上,不管综述者们的想法是多么的"广泛"或者"狭隘",他们都主张所有的统计检验应该致力于解决相同的问题。

其次,用于累积分析的单独检验必须是相互独立的。在第 4 章,我已经讨论过如何确认独立比较。为了使每个比较都包含相关假设的独特信息,元分析者必须注意确认比较。

最后,综述者必须相信,原始研究者在计算检验结果时做了有效假设。因此,如果综述者想合并与一系列的 t 检验比较相关的概率,那么,他们必须假定两组的观察值、残差或误差是独立的、符合正态分布的且方差大致相等。

在综述研究中应用统计方法的一个原因是,它可以合并与单独检验比较或关系相关的显著性水平。这样做,就能产生一个与分组差异或关系相关的总体概率。例如,如果发现对某一关系做的三次检验得出了统计显著性结果,而另外七次检验得出了统计非显著性结果,那么,综述者能够得出什么样的结论呢?他们可以使用合并显著性水平的方法计算出大量检验的结果,从而得出总体结论。

计票法

合并独立统计检验的最简单方法是计票法(vote-counting methods)。计票法可以把统计显著性结果考虑在内,也可以只关注研究结果的方向。

第一种方法,对于每一个研究结果,综述者都可以将其归入到以下三类的某一类中:预期方向上的统计显著性结果(被称为正向研究结果)、不可预期(负向)方向的统计显著研究结果及非显著研究结果(比如那些不允许拒绝虚无假设的研究结果)。由此,综述者可以断定,研究结果数量占最多的那一类就能够说明目标总体里的关系发展方向。

这一计票的显著性结果有直观上的吸引力,因此也被广泛使用。然而,这种方法也有令人难以接受的保守性。问题在于,在错误地显示显著性效应的研究结果里,由偶然因素产生的研究结果应该大约只占其中的5%。所以,根据研究结果的数量,只有不到1/3的正向统计显著性结果,可能表明了目标总体的真实差异。但是在计票法中,在期望结果实现之前,要求至少34%的研究结果是正向且统计显著的。

赫奇斯和奥肯(Hedges & Olkin,1980)证明了这种方法的保守性。假定总体中的两个变量之间的相关关系系数 $r = 0.30$,而且在每个样本中,已经对40个人进行了20次抽样。如果使用之前描述的标准,由计票法计算出正向关系存在的概率将小于6%。因此,计票的显著性结果会导致综述者经常建议放弃假设(和有效的处理程序),事实上,这样的结论是没有保证的。

调整三种研究结果的期望频率,而且将不相称的大量预期非显著性研究考虑在内,这虽然解决了统计上的问题,但同时又导致了另一个实际问题。我们已经看到,研究者可能很少报告无效结果,并且它们被综述者检索到的可能性也比较小。因此,在计票分析中,如果使用适当的理论值,与预期的研究结果相比,正向显著性研究结果和负向显著性研究结果将出现的更加频繁。因此,看来在计票程序中,使用非显著性研究结果的频率数是个可疑值。

一种替代计票法的方法是比较统计显著性正向研究结果与统计显著性负向研究结果的频率。这一方法假定,如果虚无假设在总体中占主导地位,那么显著性正向研究结果与显著性负向研究结果(第Ⅰ类错误)的频率预计是相等的。如果发现研究结果的频率不相等,支持主导方向的虚无假设就会被拒绝。

这种计票法的一个问题是,即使当虚无假设不是真的,期望的非显著性研究结果的数量依然远远大于期望的正向或负向显著性研究结果的数量。因此,这种方法会忽略许多研究结果(所有非显著性结果),并且在统计力上也相对较低。

在综述研究中,计票的最后一种方法涉及计算正向和负向研究结果的数量,而不管它们的统计显著性如何。在此分析中,综述者可以根据研究结果的方向对它们进行分类。与之前一样,如果虚无假设为真,也就是说,如果抽样总体中的变量之间不存在关系,我们期望每一方向的研究成果的数量是相等的。

一旦计算出来每一方向上结果的数量,元分析者便可以使用符号检验,用以发现累积的结果是否能表明,在研究结果一个方向上出现的频率比偶然波动出现的频率高。计算这一符号检验的公式如下:

$$Z_{vc} = \frac{(N_p) - (\frac{1}{2}N)}{\frac{1}{2}\sqrt{N}} \qquad (5.1)$$

这里

　　Z_{vc} = 总的一系列研究结果的标准正态离差或 z 分数;

　　N_p = 正向研究结果的数量;

　　N = 研究结果的总数(正向研究结果加负向研究结果)。

　　使用一张标准正态离差表,我们可以查看 Z_{vc} 值,就会发现与一组累积的定向研究结果相关的概率(单尾)。如果双尾的 P 值是理想的,则提交的值就要翻倍。表 5.1 总结了与不同的 P 值相关的 Z 值。不论是在所有研究结果的简单方向上还是仅是在显著性研究结果的方向上,都可以在计票中使用这一符号检验。

　　在 36 份比较中,假设有 25 份比较发现,最近喝过酒的人群比使用安慰剂的人群更具攻击性。又假设在 $P < 0.02$(双尾)、相关的 Z_{vc} 值是 2.33 时,目标总体中的人群会显示出相同的攻击性,而此时,许多研究结果的概率将在一个方向上。这一结果会使元分析者总结出一个结论,即一系列的比较支持的是正向关系。

　　显著性的优势在于能够使用从所有统计结果中得出的信息,而计票法则不顾这一点,使用了研究结果的方向。然而,就像其他的计票,它不是通过样本容量来衡量某一研究结果的分布。因此,对 100 个参与者与对 1 000 个参与者进行测量的研究结果是相同的。进一步来讲,在每一研究结果中,没有把发现的比较或关系的大小(或者进行评估处理产生的影响)考虑在内———一项研究结果表明,酒精导致攻击性的大量增加和酒精导致攻击性的少量减少二者的测量结果相同。最后,定向计票中的一个实际问题是,原始研究者不会频繁地报告结果的方向,特别是如果一个比较被证明是统计非显著的时候。

　　定向研究结果的计票也能作为其他元分析方法的有益补充,甚至也可以用来估计一种关系的强度。假设元分析者知道(a)研究结果的数量,(b)每项研究结果的方向,(c)每项研究结果的样本大小,布什曼和万(Bushman & Wang,1995)给他们

表 5.1　标准正态离差分布

γ	$\alpha'' = 1 - \gamma$	$\alpha' = \dfrac{1}{2}(1 - \gamma)$	z
0.995	0.005	0.0025	2.807
0.99	0.01	0.005	2.576
0.985	0.015	0.0075	2.432
0.98	0.02	0.01	2.326
0.975	0.025	0.0125	2.241
0.97	0.03	0.015	2.170
0.965	0.035	0.0175	2.108
0.96	0.04	0.02	2.054
0.954	0.046	0.023	2.000
0.95	0.05	0.025	1.960
0.94	0.06	0.03	1.881
0.92	0.08	0.04	1.751
0.9	0.1	0.05	1.645
0.85	0.15	0.075	1.440
0.8	0.2	0.10	1.282
0.75	0.25	0.125	1.150
0.7	0.3	0.150	1.036
0.6	0.4	0.20	0.842
0.5	0.5	0.25	0.674
0.4	0.6	0.30	0.524
0.3	0.7	0.35	0.385
0.2	0.8	0.40	0.253
0.1	0.9	0.45	0.126

$\gamma = -z$ 和 z 之间的区间
　= 置信系数
$\alpha' = \dfrac{1}{2}(1 - \gamma)$
　= z 以上的区间
　= $-z$ 以上的区间
　= 单侧检验的显著性水平
$\alpha'' = 1 - \gamma = 2\alpha'$
　= $-z$ 和 z 之外的区间
　= 双侧检验的显著性水平

资料来源：Noether(1971). Houghton Mifflin 公司经过许可在 1971 年获得版权重印。

提供了一种估计总体相关关系大小的公式和表格。例如,假设在酒精组和安慰剂组的 36 份比较中,每份样本容量包括 50 名参与者。使用布什曼和万的表格,在 36 份比较中,我发现有 25 份(69%)指出了酒精组在具有更多的攻击性时,群组成员与攻击性之间的相关关系最可能的总体值 $r = 0.07$。

　　总之,通过比较简单定向研究结果或显著性定向研究结果的数量,使用计票方式,元分析者就可以汇总个人的研究成果。这些程序都是非常不准确和保守的——也就是说,它们会丢失本来存在的关系。在第一种情况下,简单的结果方向一般不会在许多研究报告中出现,并且非显著性研究结果对第二种情况下进行的分析也不会有所帮助。在元分析中应该描述计票,但是只有当存在大量的研究时,才可以使用它们引出推论。另外,它们也应该始终伴随着敏感度更高的元分析程序一起使用。

合并显著性水平

　　一种处理计票存在的缺点的方法是:考虑合并与每一个比较结果或关系估计相关的准确概率。贝克尔(Becker,1994;也可见 Rosenthal,1984)归纳了 16 种合并推论检验结果的方法,采用这一方法,我们就可以得到关于虚无假设的总体检验。通过使用准确概率,合并分析的结果说明了在每个比较中发现的不同样本容量和关系强度。

　　在这 16 种方法中,使用最频繁的方法称之为加 Z 法。斯托福和他的同事们(Stouffer et al.,1949)最先介绍了这种方法。加 Z 法的使用公式如下:

$$Z_{st} = \frac{\sum_{i=1}^{N} Z_i}{\sqrt{N}} \tag{5.2}$$

这里

　　Z_{st} = 总的一系列研究结果的标准正态离差或 z 分数;

　　Z_i = ith 研究结果的标准正态离差;

　　N = 该系列中研究结果的总数。

实施这一分析步骤是十分简单的。综述者必须:

1. 选择研究结果的方向(正向或负向)。
2. 记录与每个研究结果相关的概率。
3. 如果是双尾的,平分报告的概率。
4. 查找与每一概率相关的 Z 分数。
5. 对 Z 分数进行求和,记得在负向研究结果前加一个减号。
6. 用这一总和除以研究结果的平方根。

然后,就可以在一张标准正态离差表里找到作为结果的 Z_{st} 值(见表 5.1),从而确定与累积的个体概率相关的概率。如果双尾概率是理想的,则表中的 P 值就要翻倍。如果目标总体中的虚无假设为真,这一概率则描述了如下一种可能性,即合并由偶然因素产生的包括在分析中的一系列结果。表 5.2 展现了加 Z 法的假设应用。需要注意的是,我已将研究 2 和研究 7 的假设结果设置为确切的无效结果。我假设这两项研究只是报告了与显著性水平不相关的"非显著性"结果。研究 1 和研究 5 产生了统计显著性结果,而研究 4 产生了与预期相反的结果。

我们也可以对加 Z 法进行修改,从而可以使元分析者能够分别衡量不同的统计检验的结果。例如,如果一些研究结果来自于一个单独研究,与其他研究中唯一的研究结果相比,元分析者可能很少衡量这些研究结果。同时,对于那些包含样本量较大的研究结果,元分析者可能需要对其进行加权(合并 z 分数已经受到了样本容量的影响,因为样本容量影响了显著性水平)。

加权加 Z 法的公式是:

$$Z_w = \frac{\sum_{i=1}^{N} W_i Z_i}{\sqrt{\sum_{i=1}^{N} W_i^2}} \tag{5.3}$$

这里

Z_w = 加权合并研究结果的 Z 分数;

W_i = 与每一研究结果相关的加权因子;以及所有其他项的定义和以前一样。

表 5.2 合并八个研究结果的一个假设案例

研究结果	参与者数量 (n_i)	n_i^2	单尾的 p 水平	相关的 z 分数	$n_i Z$
1	48	2 304	0.025	1.96	94.08
2	28	784	0.50	0	0
3	32	1 024	0.33	0.44	14.08
4	24	576	0.90	-1.28	-30.72
5	64	4 096	0.01	2.33	149.12
6	40	1 600	0.39	0.28	11.20
7	20	400	0.50	0	0
8	30	900	0.15	1.04	31.20
$\sum$	286	11 684		4.77	268.96

Adding $Z's$: $Z_{st} = \dfrac{4.77}{\sqrt{8}} = 1.69, p < 0.0461$, 单尾

Adding Weighted Zs: $Z_w = \dfrac{268.96}{\sqrt{11\ 684}} = 2.49, p < 0.0064$, 单尾

$N_{fs.05} = \left(\dfrac{4.77}{1.645} \right)^2 - 8 = 0.41 (\text{or } 1)$

注释:0.90 的单尾 p 水平值是来自于与预期方向相反的一个研究结果(因此,相关 z 分数为负)。

表 5.2 介绍了加权加 Z 法的假设案例和作为研究样本大小的加权因子。

这种合并显著性水平的方法克服了计票中不适当的加权问题。然而,它本身也有严格的限制。首先,计票程序过于保守而合并显著性水平程序作用非常大。事实上,它的作用实在是太大,对于产生的大量检验的假设或处理,拒绝虚无假设很可能让它变成一项毫无信息价值的训练。

失效安全数

之前多次提到,综述者不可能均等地检索到所有的研究结果。综述者检索到非显著性研究结果比显著性研究结果的可能性要小。这一事实意味着,加 Z 法可能产生了一个概率水

平,而这一概率水平对类型 1 中由偶然因素导致的错误估计不足。罗森塔尔（Rosenthal,1979a）写道：

> 对这一问题的极端看法是……期刊上充斥着5%的显示着类型 1 错误的研究,而实验室的文件夹抽屉里塞满了95% 的 显 示 非 显 著 性 结 果 的 研 究（例 如,$p < 0.05$）。（p.638）

这一问题可能没有如此富有戏剧性,但它的确存在。

加 z 法的优点之一是它可以计算失效安全数（Fail-safe N）（见 Cooper,1979；Rosenthal,1979a）。失效安全数回答了这一问题,"为了改变一种存在关系的结论,在可检索到的研究结果的结论中,必须加入多少虚无假设确认（例如,$Z_{st} = 0$）的研究结果?"罗森塔尔（Rosenthal,1979a）称之为"未来无效结果的公差"。当选择的显著性水平是 $p < 0.05$ 时,计算这个数值的公式是

$$N_{FS.05} = \left(\frac{\sum_{i=1}^{N} Z_i}{1.645} \right)^2 - N \qquad (5.4)$$

这里

$N_{FS.05}$ =需要将联合概率略提高到 $p < 0.05$ 以上时,额外的总的虚无研究结果的量值;

1.645 =与 $p < 0.05$（单尾）相联系的标准正态离差;所有其他数量和以前界定的一样。

显然,当研究结果的加权不相等时,就不能计算失效安全数,除非综述者希望估计不能检索到的研究结果的加权平均数是多少——最好是不确定的估计。表 5.2 描述了一个失效安全数的假设例子。

失效安全数是一个很有价值的描述性统计量。根据这一统计量,综述使用者依据综述者对已检索到的文献的详尽程度进行的评估,就可以评估综述的累积结果。然而,失效安全数也包含了一个限制其效度的假设。那就是,它的使用者必须找到一个可靠的命题,即没有检索到的研究相当于一个确切的无效结果。此时,可能出现的情况是,没有检索到的研究的累积

结果与元分析中包含的结果相反。同时,没有检索到的研究对新增结论的支持会累积增加,主要是因为综述者忽略了与现在的信息渠道平行使用的那些渠道。所以在解释失效安全数时,综述使用者应该经常评估这些可选方案的合理性。

综述者和读者可以得出以下结论:即一个研究结果与没有检索到的无效结果相抵抗,此时的失效安全数是多大呢?罗森塔尔(Rosenthal,1979b)认为抵抗数(resistance number)等于可检索的研究数的5倍加10。因为没有直观明显的固定规则,所以每次使用这个公式时,综述者必须再次表明他们主张的研究结果的抵抗性。一项抵抗性研究结果的最佳论据是一个大的失效安全数加上全面的搜索策略。

综述案例

在实验室实验里,人际期望效应的人格调和的综述计算了五个合并的 Z 分数和概率,五个相关的人格维度。使用研究作为分析单位,每个研究的加权是相等的。研究结果表明,那些对社会影响力有较大需求的实验者更有可能产生人际期望效应。基于四项研究基础上计算出来的合并 z 分数是 2.94,相关 p 值是 0.003 2(双尾)。失效安全数,即需要将联合概率提高到 $p = 0.05$ 以上时,总的虚无研究结果的量值为 10.02,或者 11(因为十个研究正好低于 $p = 0.05$ 以下)。

对实验者的表现力(expressiveness)和亲切性(likability)的检验,表明了实验者偏向的非显著性关系,尽管在两种情况下的关系是正向的(对于表现力:$N = 3$,$Z_{st} = 1.79$,$p < 0.073\ 4$,双尾;对于亲切性:$N = 4$,$Z_{st} = 1.71$,$p < 0.087\ 2$,双尾)。受试者的易受影响性和解读能力,二者都与期望效应呈正相关(对于易受影响性:$N = 11$,$Z_{st} = 2.21$,$p < 0.015$,双尾;对于解读能力;$N = 7$,$Z_{st} = 2.60$,$p < 0.009\ 4$,双尾)。

合并显著性水平和研究产生的证据

计票的结果与合并显著性水平方法产生了研究产生的证据。也就是说,对于考虑中的假设,综合进来的每项检验都有自己的分析认识。因此,在个体研究中,为了说明因果机制,如

果对参与者使用了随机分配的形式,则计票的合并结果和加 Z
法与这些机制相关。在这些结论的基础上,如果原始研究实际
上包括了实验操作,综述者就能对因果关系做出判定。

测量关系强度

迄今为止描述的元分析方法的基本功能是帮助综述者接
受或拒绝虚无假设。许多对社会理论感兴趣的研究者已满足
于简单地确认一些具有解释价值的关系。"是或否"这一问题
的普遍存在,部分原因是由于相关社会科学的最新发展所致。
社会假设只是简单说明了初步协议(first approximation)的真
相。社会理论家极少关心有效的理论如何解释了人类的行为,
或者,如何解释了比较竞争方面的相对解释价值。如今,随着
社会理论家的理论逐步完善,他们也会经常询问关系大小。

伴随着虚无假设显著性检验本身的发展,人们对"有多
少"这个问题的理解也在不断加深。正如我早先提到的,无论
一个虚无假设是否被拒绝,它都与详细审查下的特定研究项目
密切相关。如果参与者的数量比较合适或采用了敏感的研究
设计,那么,拒绝一个虚无假设就不足为奇了。在一个包含合
并显著性水平的元分析中,这种事态变得更加明显并且影响力
较强,甚至能够用来发现非常小的联系。因此,拒绝虚无假设,
并不能保证我们已经获得了一种重要的社会洞察能力。

最后,在社会研究中应用时,变量之间的处理效应或关系
是大、是小? 是重要,还是无关紧要? 计票法与合并显著性水
平方法没有提供任何信息。回答虚无假设,"做家庭作业是否
能提高学生的学习成绩?"通常不是最重要的问题。相反,最重
要的问题是"做多少家庭作业能够提高学生的学习成绩?"答
案可能是不做家庭作业、做多点家庭作业或做少点家庭作业。
进一步来说,综述研究者应该问"哪些因素影响家庭作业的效
果?"回答这一问题,将有助于综述者对下面的问题提出一些建
议,即如何才能更好地分配家庭作业从而使其效果最佳。对于
这些问题,综述者将转向计算平均效应量。同时,正如稍后说

明的,对于一个虚无假设问题,"关系强度不等于零吗?",综述者可以围绕着"是多少"这一估计设置的置信区间来回答此问题,无须单独合并显著性水平检验。

效应量的定义

为了有意义地回答"有多少?"这一问题,我们必须同意术语"差异大小"和"关系强度"的定义,它们通常被称之为效应量(effect size)。而一旦我们界定了这些术语,就需要使用定量研究方法来说明它们。在《行为科学的统计检验力分析》一书中,雅各布·科恩(Jacob Cohen,1998)介绍了效应量最完整的定义(也可见 Lipsey,1990),如下所示:

> 任何没有预计必要的因果关系的含义,使用词组"效应量"来表示"在何种程度上这一现象会出现在总体中",或者"在何种程度上的虚无假设是错误的"是很方便的。通过上述说明,现在很容易清楚得知何时虚无假设是错误的,以及错误的具体程度。换言之,在总体中,效应量(ES)就是一些具体的非零值。这个值越大,就越能够证明对这一现象的研究程度越高。(pp. 9-10)

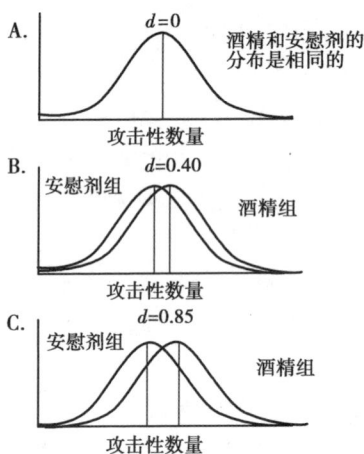

图5.2 在攻击性实验中酒精和安慰
剂组间的三种假设关系

图 5.2 介绍了描述科恩（Cohen,1988）定义的三种假设关系。假设结果来自于比较了酒精的攻击性效应与安慰剂效应的三个实验中。图 5.2A 描述了一种虚无关系。也就是说，喝酒的参与者与使用安慰剂的参与者的攻击性得分的均值和分布相同。在图 5.2B 中，喝酒群组的均值比使用安慰剂组的稍高一点。而在图 5.2C 中，不同处理方式的差别更大。测量效应量必须表达这三种结果，以便尽可能地远离与更高的效应量值相关的虚无假设。

科恩（Cohen,1988）的书里包含了许多不同的、用于描述关系强度的指标。与一种特定的研究设计方式相关的每种效应量指数与两组比较相关的 t 检验、多群组设计相关的 F 检验和频率表相关的卡方检验（chi squares）很相似。为了说明效应量，我描述了三个主要指标和一个二级指标。一般来说，这些指标是非常有用的——几乎所有的研究结果都可以用它们中的一种来表示。关于这些效应量测量指标及其他测量指标更详细的信息，读者们可以参考科恩的著作。然而，科恩介绍的是一些可以估计多重自由度检验的效应量测量指标。因此，我的描述仅限于与单一自由度检验相称的测量指标。

d 指数

当比较两组的均值时，用 d 指数测量效应量是适当的。d 指数通常用于以两种条件的比较为基础的 t 检验或 F 检验中。d 指数表明了有着共同标准差的两组均值之间的差异大小。例如，如果 $d = 0.40$，就意味着两均值之间相差了 4/10 个标准差。

在图 5.2 中描述的假设性研究结论说明了 d 指数。对支持虚无假设的研究结果（图 5.2A），d 指数是 0。也就是说，饮酒组和使用安慰剂组有着相同的组平均值。第二个研究结果（图 5.2B）指出了 d 指数是 0.40——也就是说，饮酒组的均值比使用安慰剂组的均值的标准差高出了 4/10。在第三个例子中，描述的 d 指数是 0.85。在这里，较高均值组（饮酒组）比较低均值组（使用安慰剂组）的均值的标准差高出了 85/100。

计算 d 指数十分简单，公式如下：

$$d = \frac{X_1 - X_2}{\frac{SD_1 + SD_2}{2}} \quad\quad (5.5)$$

这里

X_1 和 X_2 = 两组的平均值；

SD_1 和 SD_2 = 两组的平均标准差。

d 指数公式假定的是两组的样本容量和标准差相等（或者大致相等）。

d 指数不仅计算简单，而且便于测量。也就是说，对公式分母中标准差的调整意味着，使用不同测量尺度的研究可以进行比较或合并。

在许多案例中，综述者会发现原始研究者没有报告个别组的标准差和均值。对这种情况，罗森塔尔（Rosenthal，1984，1994）提供了一个 d 指数计算公式，它不要求元分析者知道具体的均值和标准差。公式如下：

$$d = \frac{2t}{\sqrt{df_{error}}} \quad\quad (5.6)$$

这里，

t = 相关比较的 t 检验值；

$df error$ = 与 t 检验相关的自由度误差。

在案例中，报告了分子里具有单一自由度的 F 检验。如果元分析者知道不同均值的方向，则在上面的公式中，F 值的平方根（ $t = \sqrt{F}$ ）就能替代 t 值。

从直观意义上讲，d 指数还有一些有待改进之处。由于这个原因，科恩（Cohen，1998）介绍了一种与 d 指数相关的测量指标，称之为 U_3。U_3 表明了较低均值组样本的百分比，它被较高均值组的分数超出了 50%。U_3 回答了"较高均值组的平均分数比较低均值组高出多少个百分比？"这一问题。在表 5.3 中，介绍了 d 指数的值转换成的 U_3 值。例如，图 5.2B 显示的 d 指数为 0.40 对应的 U_3 值为 65.5%。这表明，较高均值组（酒精组）的平均分数比较低均值组（安慰剂组）高出了 65.5%。在图 5.2C 中，d 指数为 0.85 对应的 U_3 值为 80.2。这表明，较高

均值组(酒精组)的平均分数比较低均值组(安慰剂组)高出了
80.2% 。

表 5.3 一些效应量测量指标之间的对应值

d	U_3 (%)	r	r^2
0	50.0	0.000	0.000
0.1	54.0	0.050	0.002
0.2	57.9	0.100	0.010
0.3	61.8	0.148	0.022
0.4	65.5	0.196	0.038
0.5	69.1	0.243	0.059
0.6	72.6	0.287	0.083
0.7	75.8	0.330	0.109
0.8	78.8	0.371	0.138
0.9	81.6	0.410	0.168
1.0	84.1	0.447	0.200
1.1	86.4	0.482	0.232
1.2	88.5	0.514	0.265
1.3	90.3	0.545	0.297
1.4	91.9	0.573	0.329
1.5	93.3	0.600	0.360
1.6	94.5	0.625	0.390
1.7	95.5	0.648	0.419
1.8	96.4	0.669	0.448
1.9	97.1	0.689	0.474
2.0	97.7	0.707	0.500
2.2	98.6	0.740	0.548
2.4	99.2	0.768	0.590
2.6	99.5	0.793	0.628
2.8	99.7	0.814	0.662
3.0	99.9	0.832	0.692
3.2	99.9	0.848	0.719
3.4	a	0.862	0.743
3.6	a	0.874	0.764
3.8	a	0.885	0.783
4.0	a	0.894	0.800

资料来源:Cohen(1988)版权属于 Erlbaum 和 Associates. 经允许后重印。

r 指数

第二种效应量是 *r* 指数,即皮尔逊积矩相关系数。当研究者对描述两个连续变量之间的关系感兴趣时,*r* 指数是最适宜表达此种效应量的测量指标。

大多数社会学家对 *r* 指数都很熟悉,但计算它的公式需要方差和协方差,所以 *r* 指数通常极少能从原始研究报告提供的信息中计算出来。幸运地是,在大部分情况下,当需要应用 *r* 指数时,原始研究者都会将它们报告出来。如果仅给出了与 *r* 指数相关的 *t* 检验值,就可以利用下面的公式来计算 *r* 指数:

$$r = \sqrt{\frac{t^2}{t^2 + df_{error}}} \qquad (5.7)$$

所有项的定义和以前一样。

比值比

当两变量分成两部分时——比如,只是对喝酒与没喝酒的人是否表现出了攻击性行为进行了简单比较,这时可以应用第三种效应量测量指标。这种效应量测量我们称之为比值比(the odds ratio),它经常应用在医学科学,因为此领域的研究者经常对一种疾病导致的死亡率、疾病的出现或消失的治疗效果感兴趣。

正如它的名字所指,比值比描述了两组比值关系。假设元分析者遇到了一项研究——酒精是否会对人们产生攻击性行为造成影响。对 200 个喝酒或使用安慰剂的人进行观察,看是否能找到任何攻击性证据。研究结果如下:

	酒精	安慰剂
攻击	75	60
非攻击	25	40

为了计算比值比,元分析者必须首先确定,在喝酒条件下参与者的攻击性行为的比值是 3:1(75:25)。使用安慰剂条件下攻击性行为的比值是 1.5:1(60:40)。然后对比这两者情况

下的比值,元分析者会发现此时的比值比是2,这说明在喝酒条件下的比值是使用安慰剂条件下的两倍。当两组中的比值一样时(即当虚无假设为真时),则比值比为1。也可以用更直接的方法算出比值比,即用主对角线上两个数的乘积除以对角线上两个数的乘积——在这个例子中,也就是(75 × 40)÷(60 × 25)。

因为社会科学中很少使用比值比,而且在综述案例中也不常使用这一方法,所以在这里就不展开介绍了。这种方法的具体应用将在以后适宜使用它的时候进行讨论。

估计效应量中的实际问题

计算效应量的公式比较简单易懂。但实际上,当元分析者尝试着计算效应量时,他们会遇到很多技术问题。这些问题中最重要的一个问题是缺失数据。其他问题的出现是由于不同的研究使用的研究设计不同、样本估计偏差及效应量度量方法本身的一些独特特征造成的。这里我将描述其中的一些。

为不同设计的研究选择一个测量指标。元分析者会遇到的一个问题是,在研究同一问题时,不同的原始研究者选择的研究设计不同。例如,在人格与人际期望效应关系的综述中,有些原始研究者把人格分数分为"高"、"低"两组,然后使用 t 检验来确定这两组是否显著不同。而其他的研究者将人格量表以连续形式存留,并把它们与连续测量的期望效应联系起来。

当出现不同的设计时,综述者必须将一种测量指标转换成在元分析中可以使用的其他单独测量指标。十分方便地是,不同的效应量测量指标之间的相互转换非常简单。使用下面的公式可以将 r 指数转换成 d 指数:

$$d = \frac{2r}{\sqrt{1-r^2}} \tag{5.8}$$

或者可以用下面的公式将 d 指数转换成 r 指数。

$$r = \frac{d}{\sqrt{d^2+4}} \tag{5.9}$$

表5.3给出了测量这两种效应的对应值。

当给出了一张与 2×2 列联表相关的卡方统计时,可以用下面的公式来估计 r 指数:

$$r = \sqrt{\frac{\chi^2}{n}} \qquad (5.10)$$

这里

$\chi^2 =$ 与比较相关的卡方值;

$n =$ 比较中的观测值的总数。

科恩(Cohen,1998)也给出了一种效应量(不是一个比值比),称为 w 指数,也与卡方相关。当 $df = 1$ 时,这种测量指标等同于 r 指数。

即使各种测量指标之间很容易转换,但元分析者仍然应该选择一种单独的测量指标来描述他们的结果。究竟选择哪一种测量指标来表示效应量,主要取决于与研究中测量变量和设计特征最适合的那种测量指标。也就是说,测量指标的选择应该建立在概念变量的基础上。因此,当我们把人格与期望效应联系起来时,r 指数是最合适的,因为这两个变量实际上是概念连续的。前面介绍的第一个研究产生了两个"人为的群组"(artificial groups),它们能够找到显著性差异的概率最大。对于此研究,我们可以从高或低人格组均值和标准离差中计算 d 指数,然后再利用公式 5.9 将它转化成 r 指数。

为 d 指数的标准差选择一种估计。在使用标准差估计围绕着组均值的方差时,选择的标准差是影响效应量的一个重要因素。正如之前提到的,大多数综述者别无选择,唯有假设两组的标准差相等,因为效应量必须从相关显著性检验中估计出来并也做了这样的假设。然而,在获得的标准差信息有效且看似不相等的情况下,为了将均差标准化,综述者应该选择一个群组的标准差作为 d 指数的分母。如果比较了治疗组和控制组,则应该使用控制组的标准差。对于 U_3 指数,为了说明治疗效果,综述者可以把它与未接受治疗的群体进行比较——比如,"接受治疗者的平均数比未接受治疗者高出 $X\%$"。

估计比较两组以上研究的效应量。假设我们发现了一个有关酒精对攻击性影响的研究,它比较了三个群组——例如,喝酿造酒的组、喝蒸馏酒的组和使用安慰剂的组。在这个例子中,我们很有可能会计算两个 d 指数:一个是比较喝蒸馏酒的组与使用安慰剂的组得出的,另一个是比较喝酿造酒的组与使用安慰剂组得出的(我们也可以比较喝酿造酒的组与喝蒸馏酒的组,如果这是我们综述的关注点)。这两个 d 指数不是统计独立的,因为它们依据的是相同的使用安慰剂组的均值和标准差。但是,这种复杂因素也是使用一个与多组推论检验相关的效应量测量指标最好的替代策略。

其中一种效应量叫做 PV。它告诉我们在因变量中由群组成员解释的方差的百分比。首先,PV 有吸引力的特征在于,即使不考虑研究中组内成员的情况下,它也可以直接使用(实际上,它也能和两个连续测量数一起使用)。然而,它也有不具吸引力的特征,即它得出的效应量结果不能给我们提供有关最高均值的任何信息。相同的 PV 值能从任一组均值的排序中得出。然而,PV 是一种不被关注的效应量测量指标。综述者极少使用,要么根本不用。

由于这种模糊性,所有的效应量应该表示为:(a)两组之间的比较(如果包括多重组,可以作为其他单一自由度的对比),(b)两个连续变量之间的相关关系测量,或者(c)比值比。在原始研究中,建议在多重自由度显著性检验的后面紧随着单一自由度比较。对于与这些检验相关的效应量同样也是对的。如果原始研究者和综述研究者准确地界定了这个问题,他们就应该能确定单一自由度推论检验及他们感兴趣的每一比较相关的效应量。

从多重因素分析中估计效应量。影响效应量的其他研究设计包括了在数据分析程序中使用的若干因素。例如,一位原始研究者在检验做家庭作业或不做家庭作业对成绩的影响时,可能也会考虑个体差异因素,如在多因素方差分析或多重回归分析中,考虑学生的年龄、性别。原始研究者可能会不报告两个实验组的均值和标准差。那么,元分析者就面临着两种选择:第一,在 F 检验的基础上,使用已减少的列入额外因素的误差项计算出效应量估计。第二,他们可以尝试着检索已经出现的忽略了所有外界因素的标准差(如已包含在误差估计里的）。只要有可能，就应该使用后面的方法——也就是说，应该试着去计算效应量，就好比感兴趣的比较是分析中的唯一比较一样。

从实际上讲，对元分析者来说，检索这个总体标准差估计通常是很困难的。在此情况下，当元分析者寻找对研究结果的影响因素时，他们应该分析包含在实验中的若干因素是否与效应量相关。

消除来自总体值中的小样本估计偏差。一个样本统计量——不论是效应量、均值还是标准差——是通过在较大总体中抽取的少数人为基础测算出来的。如果我们对总体中的每个人都进行测量，那么这些样本统计量会和我们得到的值有所不同。元分析者想出了很多办法来调整出现的已知偏差，因为建立在样本基础上的效应量估计，并不总是能真实地反映它们潜在的总体值。

赫奇斯（Hedges，1980）指出，d 指数可能对整个总体中的效应量估计略高。然而，如果样本量超过了 20，偏差则是最小的。如果元分析者是从少于 20 个样本量的原始分析中计算出 d 指数的，则应该采用赫奇斯校正因子。有些计算比值比的方法也有可能导致会高估或低估总体效应量（见 Fleiss，1994）。

除了效应量估计中的小样本偏差，元分析者们在阐述任何建立在少量数据点基础上的效应量时，也需格外谨慎。当样本较小时，单个极值（d 指数）或一对值（r 指数）能创造出特别大的效应量估计。

r 指数的正态化分布。当 r 指数很大时——也就是说，当他们估计的总体值和零相差很大时——它们会显示出非正态的抽样分布。之所以会发生这种情况，是因为 r 指数的值被限制在 -1.00 至 1.00 的范围之内。因此，当一个总体值接近不了这两个极限值时，一个样本估计可能值的值域将被限制朝向可接近的极限。抽样值的分布将偏离正态分布。

为了对此进行调整，对于调节量，在合并或检验效应量估计之前，一些元分析者将 r 指数转化成了相关的 z 分数。z 分数没有极限值并且是正态分布的。从本质上说，这一转换"拉伸"

了受影响的"尾部"并且恢复了钟形形状。一旦平均 z 分数计算出来了,它又可以转换成 r 指数。

如果 r 指数接近于零,就没有必要进行转换。事实上,不论 r 指数的值为多少,有些元分析者都不进行转换。r 指数至 z 分数的转换分析表(见表 5.5)说明,直到 $r=0.25$,这两个值基本上是接近的。然而,当 r 指数是 0.50 时,相关的 z 分数是 0.55,而当 r 指数是 0.8 时,相关的 z 分数是 1.1。

调整方法上的"人为因素"的影响。效应量的大小,会受原始数据收集方法中方法上的"人为因素"的影响。亨特和施米特(Hunter & Schmidt,1990,1994)描述了多种"人为因素",包括对抽样值域的限制和测量方法缺乏的可靠性。在后一种情况下,误差较多的测量对检测包括在测量概念变量中的关系不是很敏感。比如,假设两种人格维度与期望效应有着同等的"真实"关系。在测量中,如果一个变量的误差比其他的变量多,这个不太可靠的测量将会与期望效应产生较小的联系。

通过不同测量方法得到的信度(比如,内在一致性),元分析者便可以估计测量效应量的信度产生的影响。然后可以据此观察效应量是否与测量的信度相关。此外,如果所有的测量是完全可靠的,利用亨特和施米特(Hunter & Schmidt,1990,1994)所描述的方法,元分析者也能估计效应量。

合并研究中的效应量

一旦计算出了每一种效应量,元分析者便将估计同一比较或关系的效应量进行平均。他们普遍认为,这些平均值应该能够衡量以一些参与者的各自样本为基础的个别效应量。比如,与以 50 个参与者为基础计算出来的估计值相比,以 500 个参与者为基础计算出来的 d 指数或 r 指数得出的总体效应量估计将更准确。平均效应量应该能反映这一事实。

在考虑到样本量的情况下,计算一种平均效应量的方法是:用每个估计值的样本量乘以它们的估计值,然后把得到的结果加起来,最后再用这个总和除以样本量总和。这是一种更精确的方法,赫奇斯和奥肯(Hedges & Olkin,1985)对它进行了详细描述。这种方法虽然包含了很多优点,但是计算起来比较复杂。

d 指数

对于 d 指数,此方法首先要求元分析者计算一个加权因子,称之为 w_i,它是与每一个 d 指数估计相关的方差的逆:

公式

$$w_i = \frac{2(n_{i1} + n_{i2})n_{i1}n_{i2}}{2(n_{i1} + n_{i2})^2 + n_{i1}n_{i2}d_i^2} \qquad (5.11)$$

这里,

n_{i1} 和 n_{i2} = 组 1 和组 2 比较的数据点数量;

d_i = 处于考虑中的 d 指数比较。

尽管计算 w_i 的公式看起来比较复杂,无论我们何时计算 d 指数,实际上,它只是三组数据的一种简单运算。使用编制的计算机统计软件包进行必要的计算非常容易,设计好的用来进行元分析的程序也可以帮你计算。

表 5.4 描述了与七个比较结果相关的组样本量、d 指数和 w_i's。这个例子来自于收集的作为家庭作业研究的部分综述的实际数据。这七个研究比较了布置作业对成绩的影响。一些研究中包括了与当天所讲的主题内容相关的家庭作业;另一些研究中的家庭作业是分散布置的。所有这七个实验产生的结论都支持分散布置家庭作业。

为了进一步阐明加权因子,请注意,在表 5.4 中,它的值大约等于一个组中平均样本量的一半。这也不会让人感到奇怪,接着,用每个 d 指数乘以它的相关加权,然后对其求和,再用这个和除以加权的和就能得到加权平均效应量。公式如下:

$$d. = \frac{\sum_{i=1}^{N} d_i w_i}{\sum_{i=1}^{N} w_i} \qquad (5.12)$$

公式中所有项的定义和以前一样。

表 5.4 表明,七个比较的 d 加权平均指数为 $d = 0.115$。

表 5.4　d 指数估计和同质性检验的一个案例

研究结果	n_{i1}	n_{i2}	d_i	w_i	$d_i^2 w_i$	$d_i w_i$	Q_b 分组
1	259	265	0.02	130.98	0.052	2.619	A
2	57	62	0.07	29.68	0.145	2.078	A
3	43	50	0.24	22.95	1.322	5.509	A
4	230	228	0.11	114.32	1.383	12.576	A
5	296	291	0.09	146.59	1.187	13.193	B
6	129	131	0.32	64.17	6.571	20.536	B
7	69	74	0.17	35.58	1.028	6.048	B
$\sum$	1 083	1 101	1.02	544.27	11.69	62.56	

$$d = \frac{62.56}{544.27} = 0.115$$

$$CI_{d.95\%} = 0.115 \pm 1.96 \frac{1}{544.27} = 0.115 \pm 0.084$$

$$Q_t = 11.69 - \frac{62.56^2}{544.27} = 4.5$$

$$Q_w = 1.16 + 2.36 = 3.52$$

使用 w_i ' s ,而不是样本量作为加权的好处在于, w_i 能产生一个精确的围绕着平均效应量估计的置信区间。为了实现这一目的,必须计算出平均效应量的估计方差。首先,会得到 w_i ' s 总和的倒数,然后用与置信区间相关的 z 分数乘以这一方差的平方根。计算 95% 的置信区间的公式如下:

$$CI_{d.95\%} = d. \pm 1.96 \sqrt{\frac{1}{\sum\limits_{i=1}^{N} w_i}} \tag{5.13}$$

公式中所有项的定义和以前一样。

表 5.4 表明,在包含了七个比较的 95% 的置信区间范围内, d 指数值为 0.084,这个值高于或低于平均 d 指数的值。因此,我们期望这一效应 95% 的估计值落在 $d = 0.031$ 和 $d = 0.199$ 之间。注意,这一区间不包括 $d = 0$ 的值。这一信息,可以被看作是一个在总体中不存在关系的虚无假设检验,它可以代替之前讨论过的合并显著性水平方法。在这个例子中,我们

可以拒绝一个虚无假设,即在学习成绩上,仅做当前的家庭作业与分散的做家庭作业的学生之间没有差异。

r 指数

发现 r 加权平均指数及其相关的置信区间的方法要简单得多。首先将 r 指数转换成相对应的 z 分数,然后可以采用下面的公式:

$$z_. = \frac{\sum_{i=1}^{N} (n_i - 3) z_i}{\sum_{i=1}^{N} (n_i - 3)} \tag{5.14}$$

$n_i = ith$ 比较的总样本量;

公式中所有项的定义和以前一样。

对于置信区间,公式是:

$$CI_{z.95\%} = z_. \pm \frac{1.96}{\sqrt{\sum_{i=1}^{N} (n_i - 3)}} \tag{5.15}$$

公式中所有项的定义和以前一样。

表 5.5 描述了采用这一方法所需的 r 指数至 z 分数的转换。一旦确立置信区间,参照表 5.5,元分析者就能检索到相对应的 r 指数(r 平均指数和置信区间的极限)。

表 5.5 $r - z$ 的转换

r	z	r	z	r	z	r	z	r	z
0.000	0.000	0.200	0.203	0.400	0.424	0.600	0.693	0.800	1.099
0.005	0.005	0.205	0.208	0.405	0.430	0.605	0.701	0.805	1.113
0.010	0.010	0.210	0.213	0.410	0.436	0.610	0.709	0.810	1.127
0.015	0.015	0.215	0.218	0.415	0.442	0.615	0.717	0.815	1.142
0.020	0.020	0.220	0.224	0.420	0.448	0.620	0.725	0.820	1.157
0.025	0.025	0.225	0.229	0.425	0.454	0.625	0.733	0.825	1.172
0.030	0.030	0.230	0.234	0.430	0.460	0.630	0.741	0.830	1.188
0.035	0.035	0.235	0.239	0.435	0.466	0.635	0.750	0.835	1.204
0.040	0.040	0.240	0.245	0.440	0.472	0.640	0.758	0.840	1.221
0.045	0.045	0.245	0.250	0.445	0.478	0.645	0.767	0.845	1.238
0.050	0.050	0.250	0.255	0.450	0.485	0.650	0.775	0.850	1.256

续表

r	z	r	z	r	z	r	z	r	z
0.055	0.055	0.255	0.261	0.455	0.491	0.655	0.784	0.855	1.274
0.060	0.060	0.260	0.266	0.460	0.497	0.660	0.793	0.860	1.293
0.065	0.065	0.265	0.271	0.465	0.504	0.665	0.802	0.865	1.313
0.070	0.070	0.270	0.277	0.470	0.510	0.670	0.811	0.870	1.333
0.075	0.075	0.275	0.282	0.475	0.517	0.675	0.820	0.875	1.354
0.080	0.080	0.280	0.288	0.480	0.523	0.680	0.829	0.880	1.376
0.085	0.085	0.285	0.293	0.485	0.530	0.685	0.838	0.885	1.398
0.090	0.090	0.290	0.299	0.490	0.536	0.690	0.848	0.890	1.422
0.095	0.095	0.295	0.304	0.495	0.543	0.695	0.858	0.895	1.447
0.100	0.100	0.300	0.310	0.500	0.549	0.700	0.867	0.900	1.472
0.105	0.105	0.305	0.315	0.505	0.556	0.705	0.877	0.905	1.499
0.110	0.110	0.310	0.321	0.510	0.563	0.710	0.887	0.910	1.528
0.115	0.116	0.315	0.326	0.515	0.570	0.715	0.897	0.915	1.557
0.120	0.121	0.320	0.332	0.520	0.576	0.720	0.908	0.920	1.589
0.125	0.126	0.325	0.337	0.525	0.583	0.725	0.918	0.925	1.623
0.130	0.131	0.330	0.343	0.530	0.590	0.730	0.929	0.930	1.658
0.135	0.136	0.335	0.348	0.535	0.597	0.735	0.940	0.935	1.697
0.140	0.141	0.340	0.354	0.540	0.604	0.740	0.950	0.940	1.738
0.145	0.146	0.345	0.360	0.545	0.611	0.745	0.962	0.945	1.783
0.150	0.151	0.350	0.365	0.550	0.618	0.750	0.973	0.950	1.832
0.155	0.156	0.355	0.371	0.555	0.626	0.755	0.984	0.955	1.886
0.160	0.161	0.360	0.377	0.560	0.633	0.760	0.996	0.960	1.946
0.165	0.167	0.365	0.383	0.565	0.640	0.765	1.008	0.965	2.014
0.170	0.172	0.370	0.388	0.570	0.648	0.770	1.020	0.970	2.092
0.175	0.177	0.375	0.394	0.575	0.655	0.775	1.033	0.975	2.185
0.180	0.182	0.380	0.400	0.580	0.662	0.785	1.045	0.980	2.298
0.185	0.187	0.385	0.406	0.585	0.670	0.790	1.058	0.985	2.443
0.190	0.192	0.390	0.412	0.590	0.678	0.780	1.071	0.990	2.647
0.195	0.198	0.395	0.418	0.595	0.685	0.795	1.085	0.995	2.994

资料来源:Edwards(1967). 版权(1967)属于 Holt,Rinehart 和 Winston,重印获得许可.

　　表5.6 举例说明了如何计算 r 平均指数。这个例子给出了
学生花在做家庭作业上的时间与学习成绩水平有关的六个相

关数据。z_i 的平均值是 0.207,在 95% 置信区间下其数值的范围是从 0.195 到 0.219。注意,这个置信区间是相当狭窄的,是因为效应量估计值是建立在较大样本的基础上。还要注意,r 指数至 z 分数的转换只引起了两个 r 指数值很小的变化。

表 5.6　r 指数估计和同质性检验的案例

研究结果	n_i	r_i	z_i	$n_i - 3$	$(n_i - 3)z_i$	$(n_i - 3)z_i^2$	Q_b 分组
1	1 021	0.08	0.08	1 018	81.44	6.52	A
2	1 955	0.27	0.28	1 952	546.56	153.04	A
3	12 146	0.26	0.27	12 143	3 278.61	885.22	A
4	3 505	0.06	0.06	3 502	210.12	12.61	B
5	3 606	0.12	0.12	3 603	432.36	51.88	B
6	4 157	0.22	0.22	4 154	913.88	201.05	B
$\sum$	26 390	0.85	0.87	26 372	5 464.97	1 310.32	

$$z = \frac{5462.97}{26\,372} = 0.207$$

$$CI_{z.95\%} = 0.207 \pm 1.96 / \sqrt{26\,372} = 0.207 \pm 0.012$$

$$Q_t = 1\,310.32 - \frac{(5\,462.97)^2}{26\,372} = 178.66$$

$$Q_w = 34.95 + 50.40 = 85.35$$

$$Q_b = 178.66 = 85.35 = 93.31$$

如果 r 指数的值更大一点的话就不会这样(例如,r 指数为 0.60 对应的 z 指数值是 0.69,见表 5.5)。正如之前的例子,$z_i = 0$ 没有包括在置信区间内。因此,我们可以拒绝这样的虚无假设,即学生花在家庭作业上的时间与他们的学习成绩水平之间没有关系。

综述案例

d 指数和 r 指数都应用在综述案例中。根据对控制组的处理方式,酒精对攻击性的影响的元分析研究描述了一些总体 d 指数。比较喝酒和没喝酒的参与者,计算出的 d 平均指数是

0.25。这一 d 指数值表明,在饮酒组中,平均每人产生的攻击性要比没喝酒组大约高 60%。比较饮酒组与使用安慰剂组得出的 d 平均指数是 0.61, $U_3 = 72.6\%$。比较使用安慰剂组与没有使用安慰剂组得出的 d 平均指数是 0.10, $U_3 = 54\%$。最后比较饮酒组与"抗安慰剂"条件组的攻击性——也就是那些被告知不喝酒但后来又喝酒的组—— d 平均指数是 0.06。

在照片等级实验中,r 指数在元分析关系中常被用来测量人格和人际期望效应之间的效应量。最大的平均相关系数,即 $r = 0.15$,是在实验者对社会影响力的需求和产生的人际期望效应之间发现的。

分析研究结果中的效应量方差

如何检验在独立研究中使用了显著性水平的虚无假设及如何估计关系强度,迄今描述的分析方法已经对其进行了阐释。同时,另一套统计方法会帮助我们发现,为什么变量间的效应量会因研究对象的不同而不同。在独立研究分析过程中发现的效应量是"因变量"或者是被预测变量,而这些研究的特征是预测变量。综述者会问这样一个问题:在一个研究中,两变量之间的关系量是否会受研究设计和实施方式的影响。

在表 5.4 和表 5.6 中,效应量的一个明显特征是,它们会随着比较的不同而各不相同。解释这种变化性不仅十分重要,而且代表了综述研究最独特的贡献。在单个实验中,尽管影响关系强度的因素可能从来没有被研究过,通过分析效应量中的差异,综述者就能探明这些影响因素。例如,假设表 5.4 中所列的前四个研究在小学进行,后三个研究在中学进行。对于不同的年级,给学生布置的家庭作业的类型是否各不相同?尽管没有哪个单个研究同时把小学和中学作为样本使用,但使用下面介绍的分析方法可以暂时回答这一问题。

接下来,我将介绍一些分析效应量中方差的方法案例。我没有描述一些比较复杂的分析方法。尤其是,我省略了置信剖面法(the Confidence Profile Method)(Eddy, Hasselbald &

Schachter,1992)和贝叶斯方法(Louis & Zelterman,1994)。采用这些方法需要更高级的统计概念和操作知识。我所描述的只是基础的概念和简单的操作知识。如果对这些方法感兴趣,我建议你们首先去查看有关它们更详细的介绍资料,尤其是本书中包含的那些参考文献。

传统的推论统计

我们可以采用原始研究者使用的传统推论方法来分析效应量方差。如果一位元分析者对男性喝酒时产生的攻击性的效应量是否比女性强这个研究感兴趣,他就可以做一项 t 检验,主要是专门使用男性或专门使用女性进行比较这两种情况下的效应量的差异。如果元分析者对酒精的效应量是否会受饮酒与测量攻击性之间的延迟值的影响这个研究感兴趣,他们就可以将每一个比较的延迟值与各自的效应量联系起来。在这个例子中,预测变量和因变量是连续的,所以与相关系数相关的显著性检验是合适的推论统计。对于更加复杂的问题,综述者可以将不同的效应量分成多种要素进行讨论——例如,按照参与者的年龄和性别——对效应量进行方差分析或多元回归分析。在表5.4中,如果使用单因素方差分析对前四个 d 指数和后三个 d 指数进行比较,则结果将是不显著的。

标准的推论程序就是被元分析者最初用来检验效应量方差的方法。格拉斯、麦考和史密斯(Glass,McGaw,and Smith,1981)详细说明了如何应用这种方法。在综述研究中,使用传统的推论方法至少出现了两个问题。第一个问题,传统推论方法不能检验效应量的变异性仅仅是由抽样误差引起的这一假设(见本章前面对主效应中变异性的讨论)。因而,在没有确定效应量中的总体方差是否大于"偶然波动"产生的期望方差的情况下,传统的推论方法可以揭示设计特征和效应量之间的联系。

第二个问题,因为效应量可能以许多不同的数据点为基础(样本量),所以它们各自相关的抽样方差也不相同——也就是说,它们是在存在不同误差的情况下测量出来的。如果是这种情况(经常是这种情况),效应量就违反了传统的推论检验所强调的方差的同质性假设。因为这两个原因,在进行元分析时,已经不再使用传统的推论统计。

比较观察方差和期望方差

在传统方法中,一些方法已经获得了认可。其中一种方法是由亨特和施米特(Hunter & Schmidt, 1990)提出的。如果只是由抽样误差造成了效应量估计的差异,则这种方法比较了不同的观察效应量和不同的期望效应量。它涉及计算(a)从已知的研究结果中得出的效应量的观察方差,(b)效应量中的期望方差(假设它们估计的是同样的潜在总体值)。我们可以使用抽样理论计算准确的估计——期望在一组效应量中有多少抽样变异。这种期望值是平均效应量估计、估计数量和它们的样本量的函数。

然后,元分析者对观察方差与期望方差进行比较。亨特和施米特(Hunter & Schmidt, 1990)建议,在判断观察方差和期望方差之间是否存在显著差异时,元分析者不要使用正式检验。他们认为,如果观察方差是期望抽样方差的两倍,那么元分析者就应该假设这两者确实不同。无论选择的标准是什么,如果认为方差估计是相同的——则抽样误差是效应量中方差的最简单解释。如果认为方差估计是不同的——也就是说,由于抽样误差导致了观察方差比期望方差大得多——那么元分析者就要开始寻找对效应量的系统影响因素。

亨特和施米特(Hunter & Schmidt, 1990)也建议,为了说明方法上的"人为因素"影响,元分析者应该调整效应量估计。之前,当讨论影响效应量估计的因素时,我曾给出了一些例子。

同质性分析

同质性分析也比较了观察方差和从抽样误差中得出的期望方差。然而,不像第一种方法,它包括了这样一种计算:如果仅由抽样误差导致了它们的不同,可观察到的效应量显示方差的可能性有多大。这种方法是元分析者使用最频繁的,因此我将详细阐述。

同质性分析首先提出了一个问题,"效应量中的观察方差是否与单独从抽样误差中得出的期望方差显著不同?"如果答案是否定的,有些统计学家就建议元分析者停止分析。毕竟,对效应量为什么不同这一问题,偶然波动或抽样误差是其最简单、直接的解释。如果答案是肯定的——也就是说,如果效应量显示的变异性比偶然波动的期望方差显著得多——则元分析者就需要开始分析研究特征是否与效应量中的方差系统相关。有些元分析者觉得,在选择调节量时,如果他们在理论上和实践上有良好的理由,不管抽样误差是否被拒绝作为效应量中变异的似乎合理的唯一原因,都应该继续搜索调节量。

假设元分析者介绍了一个同质性检验量,一般称为 Q,与它相关的 p 值是 0.05。这意味着在 100 次抽样里,只有 5 次抽样误差产生了效应量中的这些方差。因此,我们会拒绝由抽样误差单独解释的效应量中方差的虚无假设,并且开始搜寻其他的影响因素。然后,我们会检验研究特征是否能解释效应量中的方差。同时,还将按照共同特征对研究进行分组,并对每组的平均效应量进行同质性检验。

罗森塔尔和鲁宾 (Rosenthal & Rubin, 1982),赫奇斯 (Hedges, 1982) 介绍了一种同质性分析方法。这里将给出赫奇斯和奥肯描述的公式(Hedges & Olkin, 1985;也可参考 Hedges, 1994),并首先描述了 d 指数的使用方法。

d 指数。为了检验一组 d 指数是否是同质的,综述者必须计算一个被赫奇斯和奥肯 (Hedges & OlKin, 1985) 称之为 Q_t 的统计量:

$$Q_t = \sum_{i=1}^{N} w_i d_i^2 - \frac{\left(\sum_{i=1}^{N} w_i d_i \right)^2}{\sum_{i=1}^{N} w_i} \qquad (5.16)$$

公式中所有项的定义和以前一样。

Q 统计量服从自由度为 $N-1$ 的卡方分布。元分析者可以从相应的卡方值分布表(上尾)中查到 Q_t 值。如果在选定的显著性水平上获得的 Q_t 值大于卡方上尾的临界值,元分析者就会拒绝由单独的抽样误差产生的效应量中的方差的假设。表 5.7 说明了选定概率水平上的卡方分布。

表5.7 给定概率水平的卡方临界值

df	上尾概率					
	0.500	0.250	0.100	0.050	0.025	0.010
1	0.455	1.32	2.71	3.84	5.02	6.63
2	1.39	2.77	4.61	5.99	7.38	9.21
3	2.37	4.11	6.25	7.81	9.35	11.3
4	3.36	5.39	7.78	9.49	11.1	13.3
5	4.35	6.63	9.24	11.1	12.8	15.1
6	5.35	7.84	10.6	12.6	14.4	16.8
7	6.35	9.04	12.0	14.1	16.0	18.5
8	7.34	10.2	13.4	15.5	17.5	20.1
9	8.34	11.4	14.7	16.9	19.0	21.7
10	9.34	12.5	16.0	18.3	20.5	23.2
11	10.3	13.7	17.3	19.7	21.9	24.7
12	11.3	14.8	18.5	21.0	23.3	26.2
13	12.3	16.0	19.8	22.4	24.7	27.7
14	13.3	17.1	21.1	23.7	26.1	29.1
15	14.3	18.2	22.3	25.0	27.5	30.6
16	15.3	19.4	23.5	26.3	28.8	32.0
17	16.3	20.5	24.8	27.6	30.2	33.4
18	17.3	21.6	26.0	28.9	31.5	34.8
19	18.3	22.7	27.2	30.1	32.9	36.2
20	19.3	23.8	28.4	31.4	34.2	37.6
21	20.3	24.9	29.6	32.7	35.5	33.9
22	21.3	26.0	30.8	33.9	36.8	40.3
23	22.3	27.1	32.0	35.2	38.1	41.6
24	23.3	28.2	33.2	36.4	39.4	43.0
25	24.3	29.3	34.4	37.7	40.6	44.3
26	25.3	30.4	35.6	38.9	41.9	45.6
27	26.3	31.5	36.7	40.1	43.2	47.0
28	27.3	32.6	37.9	41.3	44.5	48.3
29	28.3	33.7	39.1	42.6	45.7	49.6
30	29.3	34.8	40.3	43.8	47.0	50.9
40	49.3	45.6	51.8	55.8	59.3	63.7
60	59.3	67.0	74.4	79.1	83.3	88.4
	0.500	0.750	0.900	0.950	0.975	0.990

下尾概率

资料来源:Pearson 和 Hartley(1966).版权属于剑桥大学出版社(1966)重印获得许可。

在表 5.4 中,对给定的比较组而言,Q_t 值为 4.5。在自由度为 6、$p < 0.05$ 时,卡方的临界值是 12.59。因此,由抽样误差解释的这些 d 指数中的假设不能被拒绝。

各个比较之间的方法或概念差异是否能够解释效应量中的方差,对此的检验程序可分为三步。首先,分别计算各组比较的 Q 统计量。例如,为了比较表 5.4 中前四个 d 指数和后三个 d 指数,应该计算每组单独的 Q 统计量。接着,对这些 Q 统计量的值进行加总,产生 Q_w 值。然后用 Q_t 值减去 Q_w 值,就可以得到 Q_b 值:

$$Q_b = Q_t - Q_w \qquad (5.17)$$

公式中所有项的定义和以前一样。

使用统计量 Q_b,可以检验两组中的平均效应是否是同质的。如果平均 d 指数是同质的,那么,分组因素就不能解释除了相关的抽样误差以外的效应量中的方差。如果 Q_b 超过了临界值,则分组因素就是效应量中方差的重要促成因素。

表 5.4 中,比较前四个 d 指数和后三个 d 指数的 Q_b 值是 0.98。这个结果在自由度为 1 时不显著。

r 指数。对 r 指数进行同质性分析的公式如下:

$$Q_t = \sum_{i=1}^{N} (n_i - 3) z_i^2 - \frac{\left[\sum_{i=1}^{N} (n_i - 3) z_i \right]^2}{\sum_{i=1}^{N} (n_i - 3) z_i} \qquad (5.18)$$

公式中所有项的定义和以前一样。

为了比较各组的 r 指数,方程 5.18 适用于每一个单独的分组,而将这些结果的和 Q_w,从 Q_t 中减去,会得到 Q_b。

表 5.6 描述了使用 r 指数进行同质性分析的结果。基于自由度为 5 的卡方检验的 Q_t 值 178.66 是高度显著的。尽管看起来 r 指数 $\in (0.08, 0.27)$ 的取值范围并不是很大,但 Q_t 告诉我们,给定这些估计值的样本量,如此大的取值范围不能仅仅由抽样误差来解释。因此,除了抽样误差,r 指数中的方差还受到其他因素的影响。

假定我们知道表 5.6 中,前三个相关关系的样本是取自中学生,后三个相关关系的样本取自小学生。检验年级水平效应

量的 r 指数关系量的同质性分析的 Q_b 值是 93.31。在自由度为 1 的卡方检验的基础上，这个值是高度显著的。对中学生而言，r 加权平均指数是 0.253，对于小学生，则是 0.136。因此，学生的年级水平可能是一个解释 r 指数变化的因素。

同质性分析的实际问题

使用计算机统计软件包。人工计算加权平均效应量和同质性统计量不但耗时长，而且容易出错。我们可以使用主要的计算机统计软件包，如 SAS（1992）和 SPSS（1990），可以很方便地进行这些计算。

通过使用统计软件包进行必要的算术计算并将它们定义成新的变量，就产生了 d 指数的加权因子（w_i）和 r 指数的加权因子（$n_i - 3$）。通过新变量的算术定义，然后将这些变量加总，就能得到计算出的平均效应量和置信区间的中间值。然后，可以使用这个和，（a）可以为进一步的操作创造新的数据组，或者（b）手工插入到最终公式里。

对于同质性分析，赫奇斯和奥肯（Hedges & Olkin,1985）指出，可以使用加权最小平方回归法来计算。例如，使用 SAS 统计软件包，就能找到一般线性模式程序（GLM）方法来计算 Q 统计量（1992），元分析者会编写一套指令来指导进行多元回归分析，使用（a）d 指数或 z 指数转化而来的 r 指数作为因变量，（b）感兴趣的调节变量作为预测变量，（c）适当的加权（w_i 或 $n_i - 3$）作为加权因子。

对 SAS 回归分析的输出结果的解释如下：与模型均方相联系的 F 检验被忽视了。总的正确的平方总和是 Q_t。如之前显示的那样，Q_t 的显著性水平可以参考卡方值表得出（表 5.7）。模型平方和是 Q_b。它的显著性也必须参考卡方表才能得出。

对具有良好的计算机知识和编程知识的综述者来说，万和布什曼（待发表）描述了一组计算机宏命令，使用者可以使用它编制 SAS 系统进行元分析。SPSS 中的相应程序也会得出相同的结果。

另外也可以使用一些小的计算机程序软件包进行元分析。它们包括 DSTAT、True Epistat 和 Fast * pro（Normand,1995）。

一般而言,这些程序不像大的软件包那么具有灵活性。它们在以下方面经常受限制:自身容量、测量效应量范围、是否只允许输入原始数据或效应量、包含在相同分析中的调节变量有多少、进入数据库后能否对数据库进行操作以及这些软件包在固定效应模型和随机效应模型中是否都能使用。然而,在这些程序中,尽管有上述限制,如果有一种程序对元分析者比较适用,那么,它可能比大的软件包使用起来更容易一些。因为这些程序的内容会经常更新,所以,为了能够准确地使用每一种软件包,使用者应该找出最新的版本。

选择固定或随机效应模型。在我提供的同质分析的例子中,假设从个别研究中得出的效应量估计的总体值是固定而不是随机的。此时,区分固定效应与随机效应就是个复杂的数据分析问题(见 Kalaian & Raudenbush,1996;Raudenbush,1994)。

其实,当抽样误差是唯一的随机影响因素时,则效应量就被认为是固定的。然而,有时候研究的其他特征也能成为随机影响因素。例如,在对家庭作业成绩效应的研究中,各班的老师及他们布置家庭作业的方式有所不同,而这些会影响做家庭作业的效果。因为他们这样做无章可循,所以考虑从所有老师中进行随机抽样也是恰当的。

我们必须考虑的问题是,数据组中的效应量是否会受到大量不可控因素的影响,比如教师、学校和家庭结构的差异,等等。如果答案为"是,它们可能是",那么元分析者就可以选择一种统计模型,该模型会把导致效应量中随机变异的其他因素考虑在内。如果答案为"不是,它们可能不是",元分析者就可以忽略掉上述影响随机变异的因素(或者更确切的,设置成零),并且采用固定效应统计模型。

对于一组特定的效应量,使用固定效应模型或随机效应模型哪种最合适,很少有明确的区分。实际上,大部分元分析者倾向于使用固定效应假设,因为它更易于操作。有些元分析者认为固定效应统计模型使用的太频繁了,即便是在更适宜(或者更保守)使用随机效应模型的时候,很多还是使用固定效应模型。但反对这一观点的人认为,如果对效应量的影响因素进行全面、适当的搜寻是分析策略的一部分——也就是说,如果元分析者看到了像教师、学校和家庭结构这些系统效应的影响因素,则就会采用固定效应模型。

处理缺失数据。 与使用同质性统计相关的另一个重要实际问题是缺失数据。在许多例子中,尤其在发现了非显著效应时,综述者会遇到不完整的数据报告。有人建议使用的一种保守处理方法是将这些效应量设置为零。然而,如果被假定为零的效应占的比例很大,但一个效应确实存在于总体之中,如果完整信息的效应量是有效的,使用这种常规方法估计出来的效应量的方差就比其他条件下计算出的方差要大。尽管存在这样一种假设,即报告没有统计量的零研究结果的研究者发现,恰好为零的效应量对合并显著性水平和估计平均效应量有一种保守影响,这种假设可能导致对效应中的观察方差估计过大。

受缺失数据的影响,同质性统计显得统计检验力比较低。如果是这样,当同质性统计和常规的统计显著性水平一起使用时,可能会遗失掉重要关系。

检查多重调节量。 当综述者一次想检验几个效应量的调节量时,同质性统计会变得很不可靠,也很难解释。赫奇斯和奥肯(Hedges & Olkin,1985)提供了一个检验多重调节量的严密模型。这个模型对同质性使用了顺序或等级检验。首先根据一种调节量去除效应中的方差,然后根据下一种调节量去除剩余方差中的其他方差。

通常,因为研究特征经常彼此相关,所以这种方法使用起来十分困难。例如,假定我想检验家庭作业对学习成绩的影响是否会受学生年级和独立测量的标准化水平二者的影响。在分析这个比较时,我发现这两个研究特征经常混淆——关于中学生的研究更多使用的是标准化测验,关于小学生的研究更多使用的是班级年级。正如传统的回归分析一样,这些交互相关关系的存在,使综述者对研究的解释变得十分困难。尤其是,如果综述者按照变量进入关键分析的先后顺序对它们进行排序——不同的顺序产生的结果差异非常大。

解决这种交互相关关系研究特征的一条途径是,像之前那

样通过重复计算 Q 统计量的值,然后得出每个独立特征的同质性统计量。然后,当解释与效应调节量有关的结果时,元分析者对调节量中的交互相关关系矩阵也进行了检查。使用这种方法,元分析者提醒读者去研究那些容易混淆的特征并牢记这些关系的推论结果。

根据效应量测量指标得出的不同结果。 最后一个实际问题是:从某种程度上讲,同质性统计量的结果取决于所选择的效应量测量指标。比如,同一组数据会产生什么样的结果,主要取决于使用 r 统计量,还是 d 统计量去表达这种关系。这是因为 r 指数和 d 指数之间并不存在由线形转换联系起来的关系。在原始数据分析中,也存在出现不相等结果的问题——就是说,对同一数据进行原始统计分析,使用参数统计或非参数统计会产生不同的结果。然而,在原始统计分析中,这种方法与另一种方法之间的差异已经形成,并且对每种方法相关适应性的评估也相当容易。所以,对于同质性统计,这些基本规则并不是十分清晰。

总之,有关实际问题的解释,以及元分析公式的精确统计性质正在逐渐显现。对效应量中方差的正式分析,是任一包含大量比较研究综述的一个重要组成部分,这一点是很明确的。还有一点要特别注意,在采用这些统计量及描述它们如何应用时,元分析者必须特别谨慎。只要有可能,对它们也应该进行灵敏度分析,即为什么不同的方法会导致相同或不同的结果。

原始的数据分析

合并独立研究结果最理想的方法是,整合从每个相关关系比较或估计中得出的原始数据。使用产生作为分块变量的数据进行比较,独立数据点就可以放入方差分析或多元回归分析中。显然,能够得到的综合原始数据的例子非常少。原始数据很少包括在研究报告中,所以如果综述者企图从研究者那里获得原始数据,一般都不会成功(见第 4 章)。

然而,如果综述者知道与每个比较相关的均值和标准差,综合原始数据的好处就可以实现了。使用均值和标准差的一个问题是,通常在独立比较中的因变量测量彼此之间是不相称的——也就是说,值域不同,他们使用的测量工具也不同。当然,综述者可以在每个比较中使采用的测量标准化,从而使它们相称。此外,虽然肯定不像报告原始数据那样报告得那么少,原始研究者报告中也极少报告个别组的均值和标准差。

在大多数情况下,从比较中得出的原始数据是可靠的,由同质性统计分析的调节假设,可以通过统计交互作用进行检验。也就是说,通过使用比较特征作为组间因素,使用研究内的比较作为组内因素,元分析者可以对累积的原始数据进行混合模型的方差分析。如果任何比较范围内的效应的影响取决于调节量,则它将会作为分析中的显著性交互作用出现。由研究特征(组间因素)导致的显著性主效应表明,研究中各组间因变量的总体均值互不相同。

假设找到了 12 个有关酒精对攻击性影响的研究,而每一个研究的原始数据是可靠的。此外,在这些研究中,假设有六个只在男性中进行,而另外六个只在女性中进行。元分析者会把酒精与控制比较作为组内因素,把男人与女人的比较作为组间因素进行分析。酒精与控制比较的主效应表明了有关药物效应的研究产生的证据。与使用其他性别的比较相比,性别的主效应表明,使用一种性别的比较显示的攻击性较强(自变量)。最后性别和处理方式之间的显著性交互作用表明,酒精的效应取决于参与者是男人还是女人。

之前提到,综述研究中这种类型的分析受到两方面因素的限制:一是获得原始数据比较困难;二是不同的研究者使用的测量尺度不同。从个别比较中分析原始数据是累积研究结果的最佳策略。这是综述者应该追求的分析水平,在采用其他不常用的合并研究结果的方法之前,首先应该评估这种方法的可行性。实际上,这种方法很少使用。

复杂的数据分析

之前描述的元分析统计方法,适用于分析实验性研究和描述性研究中的两变量关系。为了与使用更复杂的方法来表达变量之间的关系相适应,元分析方法论学者正致力于扩展统计综述程序。这些努力包括因素分析的综述方法(Bushman,

Cooper & Lemke,1991)和相关矩阵,目的是为了检验多变量模型和解释模型(Beker & Schramm,1994)。

效应量中的方差与综述产生的证据

对效应量中的方差进行检验得出的证据,就是综述产生的证据。也就是说,综述者不能通过说明因果关系来解释研究特征与效应量之间的关系。正如前面详细讨论的,在许多例子中,不同的研究特征会彼此相关,所以在这些相关特征中,想确定到底哪一种因果行为是真实的是不可能的。因此,对综述研究来说,综述产生的证据是唯一的,它对我们理解研究主题起到了重要的补充、帮助作用,但是在此基础上声明的因果关系是比较危险的。通常,当综述产生的证据表明一种关系存在时,综述者可以用它来为原始研究者指出未来会富有成效的研究方向。

数据分析的效度问题

综述者采用的推论规则可能不恰当,这是数据分析阶段出现的第一个效度威胁。在非定量分析中,因为综述者很少详述这些规则,所以很难评估它们是否使用的恰当。在定量分析中,根本的统计检验假设是众所周知的,它会被排除一些综述中的统计偏差。虽然不可能全面地检验推论规则,但元分析的使用者至少能非正式地判定它们是否满足了统计假设要求。不管采用什么方法,总存在这样一种可能性,即综述者已经使用了一种"无效的规则"来推论目标总体的特征。

综述产生的证据可能被误解为支持声明的因果关系,这是数据分析阶段出现的第二个效度威胁。我在本书中多次提到,综述里的任何变量或关系,既可以用研究产生的证据,又可用综述产生的证据来检验。然而,在不同类型的证据的基础上得到的结论,它们的学术地位存在着很大差异。研究产生的证据能够建立变量间的因果优先秩序,而综述产生的证据纯粹凭的是联想式的记忆。

保护效度

研究者对他们的数据作什么样的假设是恰当的呢？对此，主要取决于综述者的目的和这一问题领域的特征，这对定量分析方法和非定量分析方法都是适用的。一种比较好的建议是，综述者应该向公众公开他们的推论规则并接受检查：

1. 研究者在向读者传递他们的结论和推论规则的信息时，应该尽可能地明确其指导假设。

2. 如果有任何证据显示了解释规则对效度的影响，这条证据就应被描述出来。没有这种信息，读者就不能评估结论的效度。如果研究报告中没有论述这一问题，就可以认为它是不完整的。

3. 只要有可能，综述者应该使用需要不同假设的多重方法来分析他们的数据。如果使用不同方法得到的结果一致，就可以给予更大的置信度。

4. 综述者应该仔细区分研究产生的证据和综述产生的证据。即便使用了每个设计特征的研究数量比较大，然而其他一些未知的方法论特征与发现关系的方法特征则可能相关。许多综述产生的推论会让人感到含糊不清，但它们说明了：如果这种类型的证据表明了一种关系存在，则综述者需要在一个单独研究里对这一关系进行检验。

练　习

z 分数

研究结果	n_i	单尾	d_i
1	366	-0.84	$-.08$
2	96	1.55	$.35$
3	280	3.29	$.47$
4	122	0	$.00$
5	154	1.96	$.33$
6	120	2.05	$.41$
7	144	$-.64$	$-.28$

1. 对于表中所列的使用了加 Z 法的七个研究,合并它们的 Z 分数和概率水平是什么? 使用加权加 Z 法呢? 失效安全数是什么?

2. d 加权平均指数是什么?

3. 这七个研究的效应量是同质的吗? 使用人工算法和计算机软件包计算出你的答案。

第 6 章　解释和呈现阶段

第 6 章描述了综述研究报告的一般格式。它和原始研究使用的格式相类似,包括问题介绍、综述方法、综述结果以及解释和讨论部分。特别说明了在综述中如何描述列表数据和解释效应量。最后,本章介绍了糟糕的报告对效度产生的威胁及如何避免这些威胁。

唯有与科学界共享结果时,研究才是完整的。

——美国心理学会(1994,p. 1)

将研究者的笔记、打印稿和手稿等转换成公开出版的文稿,对知识的积累有着深远意义。如果研究者没有对研究过程进行详细解释和说明,那么研究者为了让人们相信他们的科学研究所做的一切努力都是徒劳的。

撰写社会科学研究报告

美国心理学会(APA)编撰的《出版手册》(1994)①,介绍了众多社会科学学科的原始研究指南。《手册》详细阐述了报告的类型和格式,甚至对语法如何准确使用、观点如何清晰表达均给出了指导意见。关于如何评估研究具体方面的重要性和所得出的结论,《手册》给研究者提供了更详细的指导,并告诉研究者如何报告统计数据以及在哪里报告。同时,在说明哪些研究成果对读者具有重要作用时,手册提供了更明确的指导判断。例如,众多研究者做的统计检验比他们认为读者会感兴趣的检验要多得多。因为在某些主题领域可能不会产生研究结果,因此,统计显著性不能作为一般性指导原则。

显然,该《手册》不能因这一疏忽而受到指责。我们不可能提供具有一般性、精确性的指南来界定研究结果的科学重要性。事实上,这一问题本身也是在科学社会学分支学科内研究的主题,并具体体现了科学事业的创新精髓。我们不能仅仅把它简化成一个公式使用。

综述研究者的窘境与原始研究者遇到的类似,但前者在程度上更甚。在描述最终的研究报告如何形成时,综述者没有类似于《出版手册》(APA,1994)一样的获得一致认可的指导方针。《手册》有三处地方谈到了综述文章。它详细说明了一篇综述文章,包括元分析,作为"已出版材料的批判性评估"(p.5),并说明了"综述文章的内容,不像实证研究的报告部分,是由关系而非年表安排的"(p.5)。元分析的报告格式看起来已经演化的与原始研究没有什么不同了。然而,在许多情

---

① 本书中文版由重庆大学出版社出版,中文书名为《美国心理协会写作手册》。

况下,综述者会选择一种便于解决某一综述问题的格式。

近来,帮助综述者形成最终的研究报告所作的努力工作已经显现。然而,对综述者而言,报告指南的相对缺乏也是一个问题,因为不同的编辑判断会造成读者对综述结论理解上的差异。这种差异不是体现在结论的方向和关系量大小上,而是体现在综述的某些特殊方面和结果是否包含在报告内。一位综述者可能认为一个方法论特征或结果会将原稿搞"混乱(clutter)"。另一位综述者可能认为一些读者将会对同一条信息感兴趣,所以认为导致这种"混乱"是值得的。

综述研究报告的格式

在整本书中,我已经尝试着将指导原始研究的规则扩展到综述研究中。这不应该让人感到意外,人们会发现综述报告的格式主要取决于我们如何报告原始研究。原始研究报告基本可以分为介绍、方法、结果及讨论四个部分,这是一个很好的综述研究分析框架。原始研究报告分为四个部分,主要是为了强调那些能够使读者充分评估综述的效度和效用类型的信息。接下来的部分,我建议某些类型的信息应该包括在各个部分中,同时,也假设最终报告描述的是使用元分析方法得到的综述结果。读者可以参考霍尔沃森,莱特,辛格和威尔特,以及罗森塔尔(Halvorsen, 1994;Light;Singer;Willett, 1994;Rosenthal, 1995)的报告获得其他的建议。

介绍部分

一篇综述研究的介绍部分主要是为随后的研究结论打好基础。它应该包括对研究问题概念上的阐述和对问题重要性的陈述。在原始研究报告中,介绍部分往往比较简短,并且引文被严格地限制在与原始研究主题紧密相关的少数文献中。

在综述研究中,介绍部分应该非常详细。综述者应该试着概略描述所要研究的问题,包括理论、实践和方法历史。研究中的概念来自哪里?它们是不是以理论为基础,就像人际期望效应的概念那样,或者是不是以实际情况为基础,就像家庭作业的概念那样?围绕概念的意义和效用,在理论上是不是有争议呢?理论如何预测概念之间的相关性?不同的理论之间会不会存在冲突性预测?

综述研究的介绍部分必须考虑问题出现的背景。尤其当综述者打算报告元分析时,围绕着研究问题,对定性和历史的辩论给与充分的关注是至关重要的。否则,综述者会因为只是把经验数据简单的综合在一起,而缺少对其提供充分的概念和理论支撑而饱受批评。

正如在第2章提到的,一篇综述研究的介绍部分也是综述者讨论以前所做的综述研究的主题之处。这一综述回顾应该突出从已有综述中学到的东西,同时也应指明它们的不一致之处和方法论上存在的优缺点。同时,新综述里重点提出的、尚未解决的经验性问题和争议性问题,也应该突出强调出来。

总之,综述研究的介绍部分应该紧紧围绕着所研究的问题,对涉及的理论、概念和实际问题进行总体描述。还应该概述以前所做综述的观点、存在的争议及遗留下来尚未解决的问题,并指明新综述应该关注的方面。

方法部分

方法部分的目的是描述研究是如何进行的。综述研究的方法部分与原始研究报告的方法部分大不相同。大多数综述的方法部分需要说明六个不同的问题。

文献检索的细节

首先,综述研究者应该详细描述文献检索的细节。包括用于检索研究所列出和描述的每条渠道。最好也包括选择使用这一来源的理由,特别是在说明不同来源之间如何相互补充以减少研究中的样本偏差时候。为了方便使用摘要服务、索引服务和参考书目,综述者应该报告它们涵盖的年份及指引检索的关键词。如果个人研究也包括在综述里,也应该加以说明。

文献检索的信息来源、关键词、涵盖的年份可能是方法部分最关键的方面。它们为读者提供了文献搜索的精确信息,也为综述结论的信度提供了保证。在重复使用文献时,为什么同一主题领域的不同综述会得出相似或冲突的结论,当别的学者尝试着理解此问题时,综述者描述的文献检索将得到最严密的检查。

选用研究的标准

其次,我要说明的是文献检索选用研究的标准问题。通过阅读报告标题、摘要或整个报告做出的相关决定有多少? 什么样特征的研究被排除了呢? 由于任何特定的原因被排除在外的研究有多少? 例如,如果一篇综述仅包括发表在出版刊物上的研究,有多少综述者已知的潜在相关但没发表的研究被排除在外呢?

对视为相关的被排除在外的研究进行一般的、定性描述同等重要。例如,在酒精对攻击性行为影响的综述研究中,综述中的每个研究都必须满足两项标准:(a)因为综述者对检验因果关系感兴趣,所以不论受试者是否饮酒,研究必须具有实验上的可操作性;(b)研究必须测量攻击性行为,而不仅仅是一种臆想、情感或行为意向。

当读者检查综述中使用的相关标准时,对于综述者如何将概念和操作融合在一起使用,他们将进行严格评估。如果一篇综述的结论引起了读者们的争议,那么他们可能更加关注使用的相关标准。有些读者可能发现相关标准太宽泛了,就连他们认为是不相关的操作性定义的概念也包括在内。当综述者分析研究结果的潜在调节量时,他们期望这些关注并使用这些特征。其他读者有可能会发现操作性定义的范围太狭窄了。于是,综述者可能会检查被排除的研究,从而确定他们的研究结果是否会影响综述结果。

总之,相关标准描述了综述者如何使研究从概念层面跨越到操作层面。对这一程序的描述将以综述结果中具有建设性、理论性和概念性的讨论为中心。

原始研究中使用的方法

再次,除了对包括的证据进行总体描述之外,方法部分也是综述者对通常出现在原始研究中的方法进行描述的好地方。在综述研究中,对原型研究的介绍十分必要,但由于综述里包含了太多的研究,因此不可能逐个介绍。综述者应该选择被多数研究使用的若干具有代表性的方法为例进行研究,并详细描述这些研究的细节。如果发现只有少数几个相关研究,这个过程就没有必要了,就可以将研究中使用的方法与研究结果合并起来一起描述。

独立调查结果的确定

第四个重要主题涉及综述者如何确定独立调查结果。在确定是否把从同一实验室、报告或研究中进行的多重假设检验作为独立或非独立的数据点时,综述者应该阐明采用的划分标准。

研究编码的细节

第五部分描述了原始研究结果的特征,综述者可以检索或保留它们以分析研究结果的潜在调节量。换句话说,综述者应该完整地描述编码单上搜集的每一个研究的信息。在这里应该描述所有的特征,甚至包括那些没有经过正式检验、在以后的文章中也不会讨论的特征。这就提醒读者要留意那些要求综述者可能要在日后检验的特征。另外,有关编码信度的信息也应该包含在这部分。

在方法部分,对于检索到的每个研究结果的特征,没有必要描述它们在文献中出现的频率,最好在结果部分对其进行阐述。

统计程序和惯例

最后一个部分介绍了综述者对结果实行定量分析时采用的程序和惯例。为什么要选择某种特定的效应量进行测量呢? 能不能对效应量进行调整以消除偏差? 如何处理缺失结果? 选择什么样的分析技巧来合并独立检验结果并分析整个检验结果中的变异? 此部分应该包含选择使用每一程序及惯例的理由,并考虑这些选择对研究综述的结果带来什么样的影响。

结果部分

结果部分应该简要说明描述的文献、独立研究结果的综述及能够证明任何有关文献的推论是作为一个整体使用的证据。综述结果部分的变化很大程度上取决于研究主题及证据的性质。下面,我将分五个部分来阐释此部分包括的内容。

描述性统计

在第一部分,综述者应该告诉读者研究报告、研究、比较或相关关系检验所采用的独立样本的总数。此部分也应该分项列出指引这些检验的交流渠道。例如,有时就像对提供了大量检验的某些期刊的描述一样,在出版的报告与未出版的报告中发现的检验数量也是重要的。

通常,综述者会展示一张表,上面列出了综述中包括的研究。这张表同时也会描述每个研究中几个十分关键的特征。例如,家庭作业综述的结果首次报告在一本书里(Cooper,1989)。在其中一章,我分析比较了做家庭作业和不做家庭作业学生的学习成绩的研究。这一章以 11 份做家庭作业的研究和 1962 年以前不做家庭作业的研究为开端进行叙述说明。如果这些早期的研究包含了必要的数据,但没有统计合并效应量,则应该计算出效应量估计。表里介绍了第一作者的姓名、发表年份以及 1962 年以后进行的每项研究的 13 个特征。本文归纳总结了这组研究的特征。这些研究也在元分析中使用。本文也描述了一种不在元分析中使用的研究,因为它的结果不能和其他的研究进行等质等量的转换,见表 6.1。

某些文献的综合描述性统计同样也应该进行报告。主要包括值域、平均数、中位数和报告出现的日期等;每个样本的范围、平均数和参与者的中位数;样本中具有代表性的其他重要参与者特征的出现频率,例如性别、年龄和地位差异这些可能与研究结果相关的一般性特征;如果与研究相关,样本的地理位置也应该进行报告。

表6.1 元分析中有家庭作业的研究与无家庭作业的研究

作者(年)	文献类型	研究所在地(州)	研究设计	平衡/重复测量(使用或不使用)	学校编号/班级/学生	年级水平	科目	处理方式持续时间(周数)	每周作业量	老师作为实验者	结果测量
Allison and Gray(1970)	期刊文章	加利福尼亚州	随机分配学生	是/是	1/2/60	6	基础数学	4	3	否	班级测试
Ames(1983)	论文	俄亥俄州	电脑分配学生	否/否	1/2/54	7	科学	9	2	是	班级测试
Doane(1972)	博士论文	纽约州	NEC不匹配	否/否	1/8/186	4	计算	2	5	否	班级测试
Foyle(1984)	博士论文	堪萨斯州	随机分配班级	否/否	1/6/131	10	社会研究和历史	6	5	是	班级测试
Grant(1971)	博士论文	加州	随机分配班级	否/否	8/17/386	5	计算概念和问题解决	10	3	否	标准测试
Gray and Alison(1971)	期刊文章	加州	随机分配学生	是/是	1/2/60	6	计算	4	3	否	班级测试

Hines (1982)	论文	俄亥俄州	计算机分配学生	否/否	1/2/44	8	社会研究和历史	10	NA	是	班级测试
Hume-Cummings (1985)	论文	俄亥俄州	NEC 匹配	是/是	1/2/39	7	基础数学	12	NA	是	班级测试
Koch (1965)	期刊文章	明尼苏达州	随机分配班级	否/否	1/3/85	6	概念和问题解决	10	5	否	标准测试
Maertens and Johnston (1972)	期刊文章	俄勒冈州	随机分配学生	否/否	8/NA/387	4-6	计算和概念	6	4	是	班级测试
Nadis (1965)	博士论文	密西根州	NEC 匹配	是/是	1/2/80	9	社会研究和历史	6	3	是	班级测试
Parrish (1978)	博士论文	德克萨斯州	NEC 不匹配	否/否	1/8/120	9	基础数学	2	3	否	班级测试
Rosenthal (1974)	博士论文	密西根州	NEC 不匹配	否/否	1/2/175	6,8	语言和词汇	NA	NA	否	班级测试

续表

作者（年）	文献类型	研究所在地（州）	研究设计	平衡/重复测量（使用或不使用）	学校编号/班级号/学生	年级水平	科目	处理方式持续时间（周数）	每周作业量	老师作为实验者	结果测量
Singh (1989)	博士论文	亚历桑那州	NEC 不匹配	否/否	2/5/123	4-6	计算，概念，问题解决，阅读，语言和词汇	16	3	否	标准测试
Whelan (1965)	博士论文	罗德岛州	NEC 匹配	否/否	NA/20/400	6	拼写，科学，社会研究和历史	30	3	否	标准测试
Ziebell (1968)	论文	威斯康辛州	NEC 匹配	是/是	1/4/40	10	概念，问题解决，语言和词汇，科学	10	5	是	班级测试

SOORCE：Couper（1989）. Copy right held by author. 版权归作者所有。

注：NEC，非等价控制组；NA，不可用。

这些可能只是出现在结果开头部分的潜在描述性统计中的一小部分。一般而言,为了补充说明在介绍和方法部分包含的定性研究概况,第一部分应该给读者介绍有关文献的广泛的定量研究概况。

另外,它应该使读者感觉到包含在研究中的人、方法和事件所具有的代表性。正如第 3 章提到的,与独立研究结果相比,读者也应该有理由相信,综述研究与一个感兴趣的主题领域的个体数量和事件更直接相关。无论此分析的结论是什么,通过结果部分,读者可以通过评估抽样人群和事件具有的代表性,从而评估综述结论的特征。

计票与合并显著性水平

第二部分描述的结论应该说明计票与合并显著性检验的结果。综述者应该提供正的、统计显著的,正的、统计非显著的,负的、统计显著的,负的、统计非显著的效应量总数。在使用独立样本作为分析单位时,应该提供这些统计。同时,使用效应量或某个研究结果作为分析单位,也可能会给我们提供相同的统计。

如果元分析者进行了与计票相关的符号检验,他们的结果应在这里报告。如果进行了合并显著性水平检验,就应该遵循计票结果。

使用茎叶图来描述构成元分析数据库的效应量是一个好方法。在简单的茎叶图中,每个效应量的第一位小数作为茎,置于一条垂直线的左边。第二位小数作为叶,置于垂直线的右边,那么这些作为效应量的叶就共享着同一个茎,茎就是相同的线。共同使用着相同茎的效应量的叶被置于同一行上。

图 6.1 向我们展示了一个相对比较复杂的茎叶图。我用它说明了 50 个研究的结果,这些研究结果与学生报告的每晚所做的家庭作业数量有关,主要用以衡量他们的学习成绩。在这里,茎就是效应量值的短区间(2/100ths),叶则根据样本中学生的年级水平来区分效应量。水平线右面的每一个字母代表一种相互联系。这个表让读者很容易看到 50 种相关关系的形状和分布,并且注意到相关关系通常为正,也很容易发现相关关系量与学生年级水平之间的关系。

.39，.40	
.37，.38	S
.35，.36	
.33，.34	J
.31，.32	
.29，.30	J
.27，.28	SS
.25，.26	JJSSS
.23，.24	JSS
.21，.22	JJS
.19，.20	JSSSS
.17，.18	SS
.15，.16	SS
.13，.14	JSS
.11，.12	J
.09，.10	EJJJ
.07，.08	EEJ
.05，.06	EEEJS
.03，.04	
.01，.02	SS
.00	
−.01，−.02	E
−.03，−.04	
−.05，−.06	EE
−.07，−.08	J
−.09，−.10	
−.11，−.12	E
−.13，−.14	
−.15，−.16	J
−.17，−.18	J
−.19，−.20	

图 6.1　花在家庭作业上的时间与成绩之间的关系分布

这些相关关系根据年级水平相区别：E,3—5 年级；

J,6—9 年级；S,10—12 年级

总体效应量

第三部分主要介绍了总体效应量分析。

这种分析一开始描述了效应量的值域、平均数、效应量的中间值和围绕着集中趋势评估的 95% 的置信区间。在这里, 整组相关效应的总体同质性检验结果也要进行描述。

在我的家庭作业报告中指出: 当把做家庭作业学生的成绩跟没有做家庭作业学生的成绩进行比较时, 我们会发现, d 平均指数为 0.21, 或者, 同 54.7% 不做家庭作业的学生相比, 做家庭作业学生的平均成绩要高一些。围绕着此估计 95% 的置信区间的范围是从 $d = 0.13$ 到 $d = 0.30$。在此置信区间而不是一系列合并显著性检验的基础上, 我得出的结论是: 做家庭作业和不做家庭作业之间的差异允许拒绝一项虚无假设。同质性分析表明, 与预计的由于抽样误差导致的变异性相比, d 指数产生的变异性要比前者多得多 ($Qt(19) = 57.41, p < 0.001$)。

人际期望效应的人格调和的元分析报告里展示了一张表, 介绍了五种人格类型的平均 r 指数和为了合并显著性水平与加 z 法相对应的两种混合类型的结果。见表 6.2。

表 6.2　平均效应量, 累积的 z 分数, 每一人格小组的联合概率

人格维度	n	r	Z	p
		实验者		
社会影响的需求	8	0.15	2.94	0.0032
表现力	3	0.07	1.79	0.0734
亲切性	4	0.09	1.71	0.0872
其他	7	0.07	1.29	0.1976
所有的维度合并	22	0.11	3.90	0.0001
		受试者		
易受影响性	11	0.05	2.21	0.0300
解读能力	7	0.11	2.60	0.0094
其他	8	−0.05	1.37	0.1706
所有的维度合并	26	0.03	3.58	0.0004

SOURCE: Cooper and Hazelrigg(1988). Copyright 1990 by the American Psychological Association. Reprinted by permission.

注: 通过样本量来测量相互关系, 每个研究仅涉及每一人格维度的一种相互关系。概率水平是双尾的。各种各样的其他维度效应的方向是建立在研究者预测的基础之上。

这个分析告诉我们：实验者对社会影响力的需求（$r = 0.15$）、受试者的易受影响性（$r = 0.05$）和解读能力（$r = 0.11$）同人际期望效应量是显著正相关的。

酒精和攻击性的元分析报告使用了盒须图真实地展现了 d 平均指数和它们的离散程度。见图 6.2。盒子涵盖的值包含在中值的上下四分位值内。穿过盒子的水平线就是中间值，垂直穿过盒子的线（叫做"须"）向上或向下达到最大值或最小值。这个报告告诉读者，d 平均指数和以下四对总体比较有关：酒精与控制、酒精与安慰剂、没有安慰剂与控制、安慰剂与控制。在这四对比较里，d 平均指数分别是 0.25、0.61、0.06 和 0.10。d 指数比较了酒精组与控制组和安慰剂组的置信区间，此区间不包括 0，结果显示，在喝酒的情况下，人的行为更具攻击性。

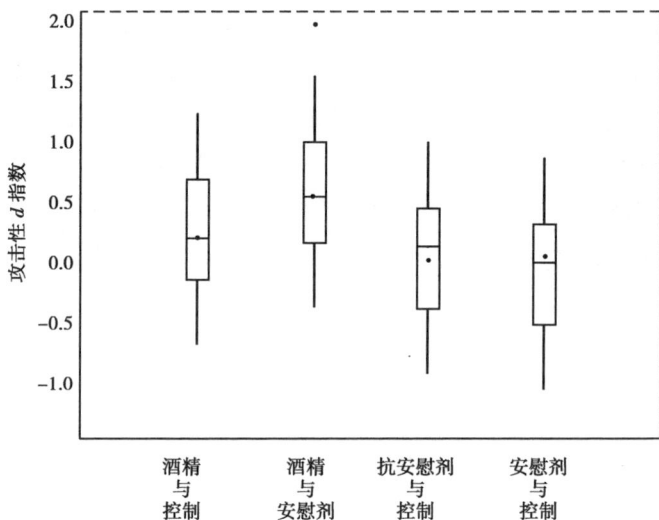

图 6.2 四种比较类型的盒须图

SOURCE:Cooper and Hazelrigg(1988). Copyright 1990 by the American Psychological Association. Reprinted by permission.

注：+，样本均值；0，轻度离群值。

分析效应量的影响

第四部分用来描述分析的结果,意在说明调节效应量的研究特征。对于每个调节量检验,元分析者应该说明研究特征的结果是否与效应量中的差异显著相关。如果调节量被证明是显著的,那么元分析者就应该说明每组研究的平均效应量和置信区间。

我用一张表总结了显著性结果,这些结果来自于我对家庭作业效应量的调节量搜索,见表6.3。需要注意的是,根据使用的转换分析单位,我检验的每一调节变量的结果都是建立在稍有不同的一些研究结果的基础上。在本文中,这些研究结果同时也描述了调解变量中的相互关系。

本文也包括说明与这一效应量的调节量相关的其他分析。这些描述包括了由第三变量控制的家庭作业效用的检验结果,还包括从态度上分析家庭作业效用的研究结果。

交互作用的描述

最后,综述者应该细分在单一研究中发现的交互效应。例如,在酒精与攻击性的综述中包含了一个表,里面列出了 14 项研究,这些研究归纳了原始研究者认为可能会影响酒精效应的第三操纵变量。第三变量包括操纵情景,如观看富有攻击性或无攻击性的电影、睡眠剥夺以及消极情绪诱导。通过检验每个变量,我们得到了酒精操纵交互作用的统计检验结果,见表6.4。

表6.3　衡量学习成绩时有家庭作业与无家庭作业的效应量比较

	n	低估计值	中间值	高估计值
		95%的置信区间		
总体($\chi^2[19]=57.41, p<0.001$)	20	0.13	0.21	0.30
年份($\chi^2[1]=8.00, p<0.01$)				
1960s	6	0.01	0.16	0.32
1970s	10	0.06	0.18	0.30
1980s	4	0.23	0.48	0.73
平衡和重复测量($\chi^2[1]=4.68, p<0.05$)				
有	4	−0.35	−0.08	0.19
无	16	0.14	0.24	0.34
实验者($\chi^2[1]=9.52, p<0.01$)				
老师	8	0.25	0.41	0.57
非老师	12	0.02	0.12	0.22
处理的持续时间($\chi^2[1]=3.89, p<0.05$)				
10 周	12	0.20	0.32	0.44
超过10 周	8	−0.03	0.09	0.21
作业数量($\chi^2[1]=15.43, p<0.01$)				
1 − 3 每周	14	−0.01	0.09	0.19
4 或 5 每周	6	0.30	0.44	0.58
年级($\chi^2[1]=3.75, p<0.06$)				
4-6	13	0.05	0.15	0.25
7-9	5	0.09	0.31	0.53
10-12	2	0.33	0.64	0.95
科目($\chi^2[2]=19.13, p<0.01$)				
数学	25	0.10	0.16	0.22
阅读和英语	13	0.18	0.32	0.46
科学和社会研究	10	0.38	0.56	0.74
数学领域($\chi^2[3]=6.79, p<0.01$)				
计算	9	0.12	0.24	0.36
概念	8	0.07	0.19	0.31
问题解决	5	−0.12	0.02	0.16
总的或非具体的	3	−0.01	0.26	0.53
结果测量($\chi^2[1]=6.49, p<0.02$)				
班级测试或年级	15	0.18	0.30	0.42
标准测试	5	−0.07	0.07	0.21

资料来源：Cooper(1989). Copyright held by author.

表 6.4　元分析中未包含的调节变量

研　究	变　量	同酒精的交互作用
Bailey, Leonard, Cranston, and Taylor(1983)	自知或自知情况下进行的攻击	NS(酒精与安慰剂)
Gustafson(1985)	具有攻击性或不具攻击性的电影片段展示	NS(酒精与安慰剂)
Gustafson(1986)	受试者被告知或没被告知同伙将会在高冲击水平上进行报复	在有威胁的情况下，使用酒精和安慰剂的受试者之间并无差异。在标准情况下，酒精受试者比使用安慰剂的受试者更具攻击性。
Gustafson(印刷中)	积极与消极的情绪诱导	NS(酒精与安慰剂)
Heermans(1980)	唤醒的错误归因：镇静剂与没有药物，兴奋剂与没有药物	NS(酒精与控制)，NS(酒精与控制)
Jeavons & Taylor(1985)	存在或不存在低攻击性标准	在不标准的情况下，酒精受试者更具攻击性(d=0.93)。在标准情况下，酒精受试者与使用安慰剂的受试者并无差异。
Myerscough(1984)	睡眠剥夺与无睡眠剥夺	NS(酒精与安慰剂)
Pihl and Zacchia(1986)	积极或消极情绪诱导	NS(酒精与控制)，NS(酒精与安慰剂)，NS(安慰剂与控制)
Schmutte and Taylor(1980)	从挑衅性的同伙那里获得的高或低的疼痛反馈	疼痛反馈增强了血液里酒精含量高的受试者的攻击性。

续表

研　究	变　量	同酒精的交互作用
Taylor and Gammon(1976)	有压力或无压力去减少攻击性	NS（酒精与控制），NS（酒精与安慰剂）
Taylor, Gammon, and Capasso(1976)	受试者被告知或没被告知同伙将使用低冲击水平	在无威协的情况下，使用酒精和安慰剂的受试者之间并无差异。在标准情况下，酒精的受试者比使用安慰剂的受试者更具击性。
Taylor and Sears(1988)	无压力，中等压力或强压力去增强攻击性	在无压力的情况下（$d=0.00$），酒精受试者和使用安慰剂的受试者之间并无差异。在中等压力（$d=0.12$）和强压力（$d=0.31$）的情况下，酒精受试者比使用安慰剂的受试者更具攻击性。
White(1987)	有吸引力与无吸引力的同伙	NS（酒精与控制），NS（酒精与安慰剂），NS（抗安慰剂与控制），NS（安慰剂与控制）
Zeichner, Pihl, Niaura, and Zacchia(1982)	受试者是被迫参加的，被分散注意力参加的或没有接受由同伙设置的关于噪音水平的诱导	在所有情况下，酒精受试者比使用安慰剂的受试者更具攻击性。根据冲击强度，效应对无诱导者来说是最高的（$d=0.67$），紧接着是强迫参加的（$d=0.24$）和分散注意力的（$d=0.08$）。对于冲击持续的时间，被迫参加的（$d=1.15$）的效应是最高的，紧接着是无诱导（$d=0.65$）和分散注意力的（$d=0.07$）。

SOURCE：Bushman and Cooper (1990). Copyright 1990 by the American Psychological Association. Reprinted by Permission.

注：NS，统计非显著性结果。

总之,结果部分应该包括综述者对引用文献的总体定量描述、对总体关系强度的描述以及关系调节量的搜索结果。这些都为以后的实质性讨论奠定了基础。

讨论部分

综述研究的讨论部分起的作用跟原始研究讨论部分起的作用是一样的。讨论一般至少包括五个组成部分。

第一,综述者应该描述综述中总结的主要结果。这种总结不需很长,但是应该摘录出在后面的文章中将会讨论的主要结果。第二,综述者应该描述综述中重要的效应量大小,并解释其实质意义,同时也应该尝试着评估发现的效应量是大还是小?是重要的还是微不足道的?

第三,综述者应该分析同预测相关的结论和其他事先断言的关系的结论。通常讨论了本综述的结果与以前综述的结果有何不同,为什么出现这些差异是必要的?综述者不仅需要分析他们讲述的理论结果而且还要说明在介绍部分中描述的理论争辩。

第四,应该包括对研究结果进行的一般性评估的讨论,特别是在限制条件下进行的讨论。例如,如果发现家庭作业和成绩之间的关系是正相关的,综述者应该说明是否可以据此进行评估,这一关系是否适用于所有的年级水平和主题事项?

第五,综述者应该对在以后的研究中需要分析的主题进行讨论(见 Eagley & Wood,1994)。主要包括针对综述结果提出的新问题,还包括由于含糊的综述结果或缺乏预先原始研究所导致的遗留下来的尚未解决的旧问题。

总之,原始研究和综述研究的讨论部分常用来对结论的实质性解释提出一些建议,这些建议可以解决以前研究中存在的争议,也为今后的研究指明了方向。

效应量的实质性解释

在定量分析中,讨论部分的功能之一就是解释群组的差异大小或关系。

一旦综述者给出了效应量,他们如何知道效应量是大还是小,是有意义还是微不足道的呢?因为统计显著性不能作为一个衡量标准使用,所以,小效应量可能是统计显著的,大效应量则可能是不显著的。因此,我们必须制定一系列的规则来确定某一给定效应量的解释性价值或者是实际价值。

科恩(Cohen,1988)尝试着解决了解释效应量估计的问题。在社会科学领域,他提出了有关小、中、大效应量的一些一般性定义。科恩的这种分类,主要是用来反映在行为科学领域中遇到的作为一个整体的具有代表性的效应量。同时,他也提醒大家,这些分类说明并不能解释在特定的社会科学学科或主题领域里的关系程度。他的一般分类,只是说明了如何对效应量进行解释。

科恩(Cohen,1988)认为,如果 $d = 0.20$、$r = 0.10$ 时,效应量就是小的。他写到"在人格、社会和临床心理研究中发现的许多效应量可能是小的……是由于使用的有效性测量的衰减和通常包含的问题比较微妙所致"(p.13)。根据科恩的观点,大效应量经常出现在以下领域:如,"社会学、经济学、试验和生理心理学及以潜在变量或者是良好的试验控制为特征的研究领域"(p.13)。科恩认为当 $d = 0.80$、$r = 0.50$ 时,效应量就是大的。中间效应量在这两个极值中间,即 $d = 0.50$、$r = 0.30$。

科恩(Cohen,1988)的解释可以用来说明比较效应量的相对性。假设在人际期望效应的人格调和的研究综述里,平均 r 指数的值是0.30。那么关系量该如何解释呢?显然,主要是根据被选择作为对比因素的其他关系进行解释。根据科恩的观点,这就是中等大小的行为科学效应量。也就是说,同行为科学领域中的其他关系相比,这将是一个平均效应量,或大或小并不会让人们感到奇怪。如果我们接受科恩的建议,认为人格关系明显小于 $r = 0.30$,那么,同其他的人格效应量相比,这种效应量最好描述为大。

将某一具体的效应量同在其他学科或某一门学科里发现的效应量进行比较是件非常有趣的事,但是在大多数情况下,这种比较提供的信息量不大。当我们将效应量同包含相同或相似变量的效应量进行比较时,得到的信息量最大。就像科恩（Cohen,1988）的指南指出的,将一个专门主题领域的效应量与某一标准进行比较,比较的范围包含"所有的行为科学",那么这就是我们可信的最好的对比元素。我们很难找到对有关学科、分支学科、主题领域甚至是单个变量或操作这些方面的平均效应量估计。当然,如今这些方面的估计非常多。因此,一个效应量是"大"还是"小",主要取决于各种有关的估计量。从概念上讲,一些对比的效应量至少应该与特定主题领域中发现的效应密切相关,包括在一些感兴趣的关系中包含的相同变量。

除了对比估计的多项相关选择外,其他两个解释效应量的指南可能也是有用的。首先,综述者可以评估在消费者的研究中估量了多少种关系。但是,如何判断这项研究的实际意义是个难题。我们可以用一个假设案例来说明这一点。假设 1970 年做的一项研究说明:如果汽车司机有规律地检测他们的轮胎气压,就会发现每加仑汽油可以使汽车行驶 22 英里,而对没有检测轮胎气压的司机来说,每加仑汽油只能使汽车行驶 20 英里。在每一组,均值的标准差是每加仑 4 英里。这就说明,平均每位司机一年行驶 10 000 英里,汽油的价钱是每加仑 0.30 美元,通过每年检测轮胎气压,司机就会节省 45 加仑汽油,也就是 13.50 美元的费用。就 d 指数而言,检测气压的司机和未检测气压的司机相隔一个半标准差（$d = 0.50$）,或者说,检测者平均行驶的里程会大于约 69% 的不检测者。在 1970 年,大家可能忽视了这种效应。实际上,它甚至可能被认为是无关紧要的。但是,1997 年的研究也产生了相同的结论,就是说每加仑 1.30 美元的汽油价格可能会引出许多不同的反映。对于大多数司机来说,每年使用少于 45 加仑的稀缺资源并节省 58.50 美元的费用是非常让人乐于接受的。因此,研究者很确信的认为此项试验的结果具有很强的实际意义。

如果将气压检测的效用同汽车燃油经济性的其他效用进行比较（如:对发动机的调整和遵守速度限制）,这种比较得到的结论可能仍然会认为效用是小的。但是,研究者可能会争辩道:即使效用的解释性价值相对较小,但它仍然具有很强的实际意义。例如,我们需要考虑进口的石油量及其可能对环境造成的污染(社会价值指标)。当然,与其他方法相比,人们可能认为实行气压检测法的成本相对便宜些。莱文和他的同事们(Levin,1987;Levin,Glass,& Meister,1987)就建立相对成本效益的社会计划制定了一些基本规则。

第二个对效应量进行解释的指南涉及研究方法,这一点在文中已经提到了很多次。当我们选择了对比效应量,相对效应量不仅会反映出关系的解释力,也会反映出数据搜集的差异。在其他所有条件都相同时,建立在严格控制基础上的研究产生的效应量要比控制较弱的研究产生的效应量大(如:围绕着均值产生的较小偏差)。例如,与实验室里进行的轮胎气压检测的实验($d = 0.50$ 时)相比,汽车正常行驶条件下测得的结论要比前者更有说服力。效应量是操作性强度的一个函数(如尚未检测的汽车轮胎欠压的程度),同时也是测量敏感度的一个函数(如计算加油量和汽油使用量),也是对参与者群体限制的一个函数(如所有的汽车和仅是新车)。这说明,研究方法可能会影响对效应量的解释。

最后,我们应该牢记,报告在综述研究中的效应量估计不仅受综述过程中使用的方法的影响,而且还受到综述研究本身使用的方法的影响。其他综述者若是使用了类似的检索、相关性原则和统计程序,他们应该可以发现相似的效应量。有时,为了说明任何会对研究结果产生影响的偏差,阐释综述结果的研究者和决策人需要调整效应量估计。

总之,科恩(Cohen,1988)的描述仅仅给出了最广泛的效应量解释标准。其实,对一个效应量最有意义的解释应该来自与选择的其他关系量的比较,这是因为它们对研究的主题具有实质性意义。为了补充这种解释,应该评估任何解释的实际价值和研究方法对形成结论所起的作用。

综述案例

家庭作业和对待强奸的态度这两个综述是解释关系强度最好的例子。对于家庭作业,做家庭作业和不做家庭作业学生的成绩差异的 d 平均指数为 0.21。这个效应是大还是小呢?

为了帮助回答这个问题,我仔细分析了其他相关的元分析结果。这些研究结果列在一个表中,见表6.5。这个表包含了11个元分析,分析了教学策略的效应和教学技能对提高学生成绩的作用。这些研究都来源于沃尔伯格所著的《教学研究手册》一书中关于研究综述的那一章(Walberg,1986)。

表6.5 从元分析中选择效应量以分析对成绩的影响[a]

作者(年)	自变量	效应量[b]
Bangert et al. (1981)	个性化教学与传统教学	0.10
Carlberg and Kavale(1980)	特殊班级与常规班级设置	−0.12
Johnson et al. (1981)	合作学习与竞争性学习	0.78
Kulik and Kulik(1981)	能力分组	0.10
Kulik et al. (1982)	程序教学	0.08
Luiten,Ames,and Aerson(1980)	先行组织者	0.23
Pflaum etal. (1980)	直接指导	0.60
Redfield and Rousseau(1981)	较高的认知问题	0.73
Wilkinson(1980)	表扬	0.08
Williams et al. (1982)	看电视量	0.10
Willson and Putnam(1982)	前测	0.17

SOURCE:Cooper(1989). Copyright held by author.

注:a. 沃泊格(1986)列出的这些主题不仅包括成绩,还包括了因变量。

　　b. 效应量用 d 指数表示。

比较表中的数字,我们可以看到,家庭作业对成绩的影响可以被描述为"高于平均水平"。表中效应量的中间值是 $d = 0.10$,是家庭作业效应量的一半。在不同的主题领域,都需要考虑研究方法的质量。假定在不同领域测量的成绩的可信性和研究设计的可靠性大致相等。在家庭作业综述里,建立在效应量估计基础上的一些假设很可能会比其他综述更加保守。最后,通过比较实施的不同指导和教学方式的相对成本,我们就可以评估家庭作业的实际价值。特别是,与特殊班级的设置、个性化教学和程序教学相比,家庭作业可以被认为是低成本的处理方式。

在对待强奸态度的综述中,通过相互比较可以评估个体差异预测的相对效应量。因此,综述本身会包含有一些对比元素。举例来说,用来预测强奸态度的四种人口统计学差异:态度持有者的性别、年龄、种族以及社会经济地位。作为预测,男性对强奸态度要比女性更容易接受($r = 0.33$)。同此效应相比较,剩下的三个效应都比较小。它们的值域从 $r = 0.12$ 到 $r = 0.06$。在比较由八个不同的量表(检测了对强奸的态度)说明的相关关系的大小时,也用到了相似的方法。这些相互关系的值域从 $r = 0.54$ 到 $r = 0.14$。

报告撰写的效度问题

对报告撰写的效度威胁有两个,这两个威胁因素都与综述中不同的目标群体有关。首先,在综述研究过程中,对细节问题描述的缺失是对效度的一个潜在威胁。作为原始研究,一个不完整的报告会减少综述结论的可重复使用性。其次,对效度的威胁还来源于其他调查者认为是比较重要的关系调节量的证据缺失。马瑟龙、布鲁斯和比彻姆(Matheson, Bruce & Beauchamp, 1978)认为:"正如研究某一具体的行为过程一样,很多涉及实验条件的细节被发现是相关的。"(p. 265)因此,对某一研究领域来说,如果综述者不能确定变量或调节量对其是重要的(或者以后是重要的),那么一篇综述就会失去它的时效性。相比较而言,新综述要取代比较完整的综述需要更长的时间,因此,完整的综述具有较强的时间概括性。

保护效度

这一章主要就综述者在报告准备过程中,如何规避效度威胁提出了很多建议。可是,综述者不能非常全面地预知究竟遗漏了哪些特征或综述结果,而导致最终结果无效或陈旧。从积极角度来说,综述者肯定希望他们的文献可以保存较长时间。所以,若是综述者能够认真考虑如何发表更为详尽的、能够使读者清晰易懂的报告,那么报告里的文献就会保存更长时间,这一点也是我们所期待的。

练　习

1. 阅读两篇综述研究报告。在每篇综述中,将作者告诉我们的如下信息列出来:(a)如何进行文献检索;(b)决定研究与假设是否相关的原则是什么;(c)决定累积关系是否存在的原则是什么。

2. 找两篇研究同一主题却使用了不同方法的原始研究报告。计算每个报告中的效应量。比较两个报告的效应量,仔细考虑使用不同方法带来的结果。使用其他标准来评判每个效应量(大、中、小),并证明你的结论。

第7章 总 论

　　第7章主要总结了一些与综述研究相关的问题。包括在标准比较严格的情况下,进行综述研究的可行性。同时,涉及综述研究与科学哲学的一些问题也在本章的讨论范围内。

与综述研究相关的若干问题不能简单地搁置在五个阶段模式所代表的事件中进行描述。本章中更具一般性、哲理性的思考,能够更好地解决本指南前面几章中列举的问题,验证之前设定的假设。

重新审视效度问题

首先,我提到了综述五个阶段中可能遇到的 11 种效度威胁。实际上,对效度的威胁也远远不止上述讨论的这些。布拉特和格拉斯(Bracht & Glass,1968)、坎贝尔(Campbell,1969)、库克和坎贝尔(Cook & Campbell,1979)扩展了坎贝尔和斯坦利(Campbell & Stanley,1963)列举的对原始研究的效度威胁。这样的效度威胁也已经扩展到了综述研究的领域中,学者们对此也有过多次的详细论述(Matt &Cook,1994)。应该说,这不是一个坏信号,而是一个好信号。它体现了我们在围绕着合理的、科学推论的系统化问题研究方面取得的进步。

研究综述过程中出现的影响效度的因素与原始研究中常常遇到的问题有直接联系。例如,在搜集数据过程中,以抽样样本中的“个体”代表研究的“总体”,通常被认为是对综述效度的一种威胁。这就表明,如果研究设计特征出现在一项研究的实质部分中,那么,对综述研究来说,与特定的原始研究设计相关的任一威胁都是存在的。在分析综述产生的证据时,当把研究设计作为研究结果的潜在调节量时,必须仔细分析。“法则网络(nomological nets)”(Cronbach & Meehl,1955)的创造可以说是综述研究者最有价值的贡献。如果一篇综述里没有包含各式各样的研究设计,那么,与主导设计相关的威胁也会影响综述的结论。

可行性和成本

对综述者而言,与采用传统方法相比,使用本指南所阐明的做研究综述的方法,其成本要高的多。更多的人考虑的是谁能够弥补他们的时间。搜索文献、编制编码框、运行分析和准备研究报告需要花费人们更多的时间。

在成本特定的情况下,一个极具潜力的方法使用者难道会因为在资源有限的情况下进行一项课题研究而感到气馁? 当然不会。正如一件完美的事情,无可辩驳的原始研究是不存在的,所以很多完美的综述都停留在一种理想状态。这本指南更多的是为评估综述研究提供了一个标准而非一种绝对条件。实际上,读者们应该知道,我在书中更多运用的是案例分析,而不是要求读者们彻头彻尾的坚持本指南。赛克思(Sacks)、百瑞尔(Berrier)、里特曼(Reitman)、安科纳·伯克(Ancona-Berk)和查尔莫斯(Chalmers)(1987)调查了 86 个元分析,指出了改进研究方法是件迫在眉睫的事。方法使用者也不应该把本指南作为一个绝对标准,而要根据所要达到的目的来不断完善研究程序,争取使研究更加严谨、可行。

科学方法和不一致性

实际上,尽管做综述研究可能意味着综述者必须完成一件"不太完美的作品",但在综述研究过程中,他们仍然必须要严格遵守科学的方法论。当前,至关重要的科学要素正从传统的综述程序中消失,这就成为综述者对以前所坚守的信念产生怀疑的潜在影响因素。在诸多案例中,原始研究者在进行研究时,往往伴随着这样一种认识:最终的研究结果可能会改变他们原有的信念体系,而传统的综述研究者则没有这种认识。通过将科学方法延伸到综述研究中,出现不一致性的可能性也增加了。罗斯和莱珀(Ross & Lepper,1980)很好地描述了这种状况:

> 我们非常清楚,科学方法并不能完全排除诸如基于偏见同化、因果性解释和许多挑剔因素的影响;为了解释他们预料之外的或者与自己的研究兴趣不同的数据,再加上对自己理论的偏执,科学家们可能会对上述影响因素视而不见,有时甚至是故意的。……无论如何,这是科学方法

……它常常是增长人类对自然界和社会世界认识的方法。尽管存在很多不足,但它仍然是检验我们的直觉信念和直观方法中的错误是否减少的最佳方法。(p. 33)

综述研究的创新性

在使用科学指南做综述研究时,产生了一种异议,就是这种研究体系束缚了创新性。在做原始研究时,有些研究者会批判这些准则会像"紧身衣"一样,限制了他们的创新性思维。对此,我完全不同意。严格的标准将不会产生机械的、不具创新性的综述。方法使用者的专门知识和直觉力将会遇到一种挑战,即利用或创造机会去获得、评估和分析每一个问题领域特有的信息。在使用这种科学研究方法时,我希望综述中的相关案例已经充分展示了综述者遇到的问题的多样性和复杂性。这些挑战也正是由科学规则创造出来的。

结 语

开始创作本书时,我旨在认为做综述研究是一个有益的资料搜集训练过程,同时,这一过程也需要依靠科学标准来衡量。因为随着实证研究的发展和可获取信息量的不断增多,如果我们无法使这一研究过程更加系统化和标准化,那么综述研究的结论将变得令人难以置信。对于需要更多严密综述研究的社会科学家来说,我希望书中介绍的概念和方法已经被读者们所接受,并认为是切实可行的、值得信赖的。在关注讨论某些特定领域和测试领域存在的争议时,这些方法能够使学者们对这些争论和异议达成共识。随着综述研究在各学科知识中的角色不断提升,如果社会科学家希望他们的研究主张能够保持客观、可信,那么对研究指南做些适当调整是不可避免的。同时,这也将帮助社会科学家更好地解决当今社会存在的问题,并增强他们对这个社会的理解。

参考文献

American Psychological Association. (1994). *Publication manual* (4th ed.). Washington, DC: Author.

Anderson, K. B., Cooper, H., & Okamura, L. (1997). Individual differences and attitudes toward rape: A meta-analytic review. *Personality and Social Psychology Bulletin, 23*, 295-315.

Association of Research Libraries. (1997). *Directory of electronic journals, newsletters and academic discussion groups.* Washington, DC: Author.

Atkinson, D. R., Furlong, M. J., & Wampold, B. E. (1982). Statistical significance, reviewer evaluations, and the scientific process: Is there a (statistically) significant relationship? *Journal of Counseling Psychology, 29*, 189-194.

Barber, T. X. (1978). Expecting expectancy effects: Biased data analyses and failure to exclude alternative interpretations in experimenter expectancy research. *Behavioral and Brain Sciences, 3*, 388-390.

Barnett, V., & Lewis, T. (1984). *Outliers in statistical data* (2nd ed.). New York: John Wiley.

Becker, B. J. (1994). Combining significance levels. In H. Cooper & L. V. Hedges (Eds.), *The handbook of research synthesis.* New York: Russell Sage Foundation.

Becker, B. J., & Schramm, C. M. (1994). Examining explanatory models through research synthesis. In H. Cooper & L. V. Hedges (Eds.), *The handbook of research synthesis.* New York: Russell Sage Foundation.

Begg, C. B., & Berlin, J. A. (1988). Publication bias: A problem in interpreting medical research. *Journal of the Royal Statistical Society Series A, 151*, 419-463.

Bem, D. J. (1967). Self-perception: An alternative interpretation of cognitive dissonance phenomena. *Psychological Review, 74*, 183-200.

Bourque, L. B., & Clark, V. A. (1992). *Processing data.* Newbury Park, CA: Sage.

Boyce, B., & Banning, C. (1979). Data accuracy in citation studies. *RQ, 18*, 349-350.

Bracht, G. H., & Glass, G. V. (1968). The external validity of experiments. *American Educational Research Journal, 5*, 437-474.

Bradley, J. V. (1981). Pernicious publication practices. *Bulletin of Psychonomic Society, 18*, 31-34.

Brown, S. P. (1996). A meta-analysis and review of organizational research on job involvement. *Psychological Bulletin, 120*, 235-255.

Bushman, B. J., & Cooper, H. (1990). Effects of alcohol on human aggression: An integrative research review. *Psychological Bulletin, 107*, 341-354.

Bushman, B. J., Cooper, H., & Lemke, K. M. (1991). Meta-analysis of factor analysis: An illustration using the Buss-Durkee Hostility Inventory. *Personality and Social Psychology Bulletin, 17*, 344-349.

Bushman, B. J., & Wang, M. C. (1995). A procedure for combining sample correlations and vote counts to obtain an estimate and a confidence interval for the population correlation coefficient. *Psychological Bulletin, 117*, 530-546.

Campbell, D. T. (1969). Reforms as experiments. *American Psychologist, 24*, 409-429.

Campbell, D. T. , & Stanley, J. C. (1963). *Experimental and quasi-experimental designs for research.* Chicago: Rand McNally.

Carlson, M. , & Miller, N. (1987). Explanation of the relation between negative mood and helping. *Psychological Bulletin*, 102, 91-108.

Cohen, J. (1988). *Statistical power analysis for the behavior sciences* (2nd ed.). Hillsdale, NJ: Erlbaum.

Cohen, J. (1994). The earth is round ($p < .05$). *American Psychologist*, 49, 997-1003.

Cook, T. D. , & Campbell, D. T. (1979). *Quasi-experimentation.* Chicago: Rand McNally.

Cook, T. D. , Cooper, H. , Cordray, D. S. , Hartmann, H. , Hedges, L. V. , Light, R. J. , Louis, T. A. , & Mosteller, F. (1992). *Meta-analysis for explanation: A casebook.* New York: Russell Sage Foundation.

Cooper, H. (1979). Statistically combining independent studies: A meta-analysis of sex differences in conformity research. *Journal of Personality and Social Psychology*, 37, 131-146.

Cooper, H. (1982). Scientific guidelines for conducting integrative research reviews. *Review of Educational Research*, 52, 291-302.

Cooper, H. (1986). On the social psychology of using research reviews: The case of desegregation and black achievement. In R. Feldman (Ed.), *The social psychology of education.* Cambridge, UK: Cambridge University Press.

Cooper, H. (1988). The structure of knowledge synthesis: A taxonomy of literature reviews. *Knowledge in Society*, 1, 104-126.

Cooper, H. (1989). *Homework.* New York: Longman.

Cooper, H. , & Arkin, R. M. (1981). On quantitative reviewing. *Journal of Personality*, 49, 225-230.

Cooper, H. , DeNeve, K. , & Charlton, K. (1997). Finding the missing science: The fate of studies submitted for review by a human subjects committee. *Psychological Methods*, 2, 447-452.

Cooper, H. , & Dorr, N. (1995). Race comparisons on need for achievement: A mere-analytic alternative to Graham's narrative review. *Review of Educational Research*, 65, 483-508.

Cooper, H. , & Hazelrigg, P. (1988). Personality moderators of interpersonal expectancy effects. *Journal of Personality and Social Psychology*, 55, 937-949.

Cooper, H. , & Hedges, L. V. (1994). *The handbook of research synthesis.* New York: Russell Sage Foundation.

Cooper, H. , & Ribble, R. G. (1989). Influences on the outcome of literature searches for integrative research reviews. *Knowledge: Creation, Diffusion, Utilization*, 10, 179- 201.

Cooper, H. , & Rosenthal, R. (1980). Statistical versus traditional procedures for summarizing research findings. *Psychological Bulletin*, 87, 442-449.

Crane, D. (1969). Social structure in a group of scientists: A test of the "invisible college" hypothesis. *American Sociological Review*, 34, 335-352.

Cronbach, L. J. , & Meehl, P. E. (1955). Construct validity in psychological tests. *Psychological Bulletin*, 52, 281-302.

Cuadra, C. A. , & Katter, R. V. (1967). Opening the black box of relevance. *Journal of Documentation*, 23, 291-303.

Davidson, D. (1977). The effects of individual differences of cognitive style on judgements of document relevance. *Journal of the American Society for Information Science*, 8, 273-284.

Dickerson, K. (1994). Research registers. In H. Cooper & L. V. Hedges (Eds.), *The handbook of research synthesis.* New York: Russell Sage Foundation.

Eagley, A. H. , & Wood, W. (1994). Using research synthesis to plan future research. In H. Cooper & L. V. Hedges (Eds.), *The handbook of research synthesis.* New York: Russell Sage Foundation.

Eddy, D. M. , Hasselblad, V. , & Schachter, R. (1992). *Meta-analysis by the confidence profile approach.* Boston: Academic Press.

Edwards, A. L. (1967). *Statistical methods* (2nd ed.). New York: Holt, Rinehart & Winston.

Elmes, D. G. , Kantowitz, B. H. , & Roediger, H. L. (1995). *Research methods in psychology.* St. Paul, MN: West.

Eysenck, H. J. (1978). An exercise in mega-silliness. *American Psychologist,* 33, 517.

Festinger, L. , & Carlsmith, J. M. (1959). Cognitive consequences of forced compliance. *Journal of Abnormal and Social Psychology,* 58, 203-210.

Fisher, R. A. (1932). *Statistical methods for research workers.* London: Oliver & Boyd.

Fiske, D. W. , &Fogg, L. (1990). But the reviewers are making different criticisms of my paper! *American Psychologist,* 45, 591-598.

Fleiss, J. L. (1994). Measures of effect size for categorical data. In H. Cooper & L. V. Hedges (Eds.), *The handbook of research synthesis.* New York: Russell Sage Foundation.

Fowler, F. J. (1993), *Survey research methods* (2nd ed.). Newbury Park, CA: Sage.

Garvey, W. D. , & Griffith, B. C. (1971). Scientific communication: Its role in the conduct of research and creation of knowledge. *American Psychologist,* 26, 349-361.

Glass, G. V. (1976). Primary, secondary, and meta-analysis of research. *Educational Researcher,* 5, 3-8.

Glass, G. V. (1977). Integrating findings: The meta-analysis of research. In *Review of research in education* (Vol. 5). Itasca, IL: F. E. Peacock.

Glass, G. V. , McGaw, B. , & Smith, M. L. (1981). *Meta-analysis in social research.* Beverly Hills, CA: Sage.

Glass, G. V. , & Smith, M. L. (1978a). Reply to Eysenck. *American Psychologist,* 33, 517-518.

Glass, G. V. , & Smith, M. L. (1978b). Meta-analysis of research on the relationship of class size and achievement. *Educational Evaluation and Policy Analysis,* 1, 2-16.

Gleser, L. J. , & Olkin, I. (1994). Stochastically dependent effect sizes. In H. Cooper & L. V. Hedges (Eds.), *The handbook of research synthesis.* New York: Russell Sage Foundation.

Gottfredson, S. D. (1978). Evaluating psychological research reports. *American Psychologist,* 33, 920-934.

Graham, S. (1994). Motivation in African Americans. *Review of Educational Research,* 64, 55-117.

Greenberg, J. , & Folger, R. (1988). *Controversial issues in social research methods.* New York: Springer-Verlag.

Greenwald, A. G. (1975). Consequences of prejudices against the null hypothesis. *Psychological Bulletin,* 82, 1-20.

Hahn, H. (1996). *The Internet complete reference* (2nd ed.). Berkeley, CA: Osborne.

Halvorsen, K. T. (1994). The reporting format. In H. Cooper & L. V. Hedges (Eds.), *The handbook of research synthesis.* New York: Russell Sage Foundation.

Harris, M. J. , & Rosenthal, R. (1985). Mediation of interpersonal expectancy effects: 31 meta-analyses. *Psychological Bulletin,* 97, 363-386.

Hedges, L. V. (1980). Unbiased estimation of effect size. *Evaluation in Education: An International Review Series,* 4, 25-27.

Hedges, L. V. (1982). Fitting categorical models to effect sizes from a series of experiments. *Journal of Educational Statistics,* 7(2), 119-137.

Hedges, L. V. (1994). Fixed effects models. In H. Cooper & L. V. Hedges (Eds.), *The handbook of research synthesis.* New York: Russell Sage Foundation.

Hedges, L. V. , & Olkin, I. (1980). Vote-counting methods in research synthesis. *Psychological Bulletin,* 88, 359-369.

Hedges, L. V. , & Olkin, I. (1985). *Statistical methods for meta-analysis.* Orlando, FL: Academic Press.

Hunter, J. E. , & Schmidt, F. L. (1990). *Methods of meta-analysis: Correcting for sources of error and bias in research findings.* Newbury Park, CA: Sage.

Hunter, J. E. , & Schmidt, F. L. (1994). Correcting for sources of artifactual variance across studies. In H. Cooper & L. V. Hedges (Eds.), *The handbook of research synthesis.* New York: Russell Sage Foundation.

Hunter, J. E. , Schmidt, F. L. , & Hunter, R. (1979). Differential validity of employment tests by race: A comprehensive review and analysis. *Psychological Bulletin*, 86, 721-735.

Judd, C. M. , Smith, E. R. , & Kidder, L. H. (1991). *Research methods in social relations.* Fort Worth, TX: Holt, Rinehart & Winston.

Justice, A. C. , Berlin, J. A. , Fletcher, S. W. , & Fletcher, R. A. (1994). Do readers and peer reviewers agree on manuscript quality? *Journal of the American Medical Association*, 272, 117-119.

Kalaian, H. A. , & Raudenbush, S. W. (1996). A multivariate mixed linear model for meta-analysis. *Psychological Methods*, 1, 227-235.

Katz, W. A. (1997). *Introduction to reference work: Volume 1.* New York: McGraw-Hill.

Kazdin, A. , Durac, J. , & Agteros, T. (1979). Meta-meta analysis: A new method for evaluating therapy outcome. *Behavioral Research and Therapy*, 17, 397-399.

King, D. W. , McDonald, D. D. , & Roderer, N. K. (1981). *Scientific journals in the United States: Their production, use, and economics.* Stroudsburg, PA: Hutchinson Ross.

Levin, H. M. (1987). Cost-benefit and cost-effectiveness analysis. *New Directions for Program Evaluation*, 34, 83-99.

Levin, H. M. , Glass, G. V. , & Meister, G. R. (1987). Cost-effectiveness and computer-assisted instruction. *Evaluation Review*, 11, 50-72.

Light, R. J. , & Pillemer, D. B. (1984). *Summing up: The science of reviewing research.* Cambridge, MA: Harvard University Press.

Light, R. J. , Singer, J. D. , & Willett, J. B. (1994). The visual presentation and interpretation of meta-analysis. In H. Cooper & L. V. Hedges (Eds.), *The handbook of research synthesis.* New York: Russell Sage Foundation.

Lipsey, M. W. (1990). *Design sensitivity: Statistical power for detecting the effects of interventions.* Newbury Park, CA: Sage.

Lipsey, M, W. , & Wilson, D. B. (1993). The efficacy of psychological, educational, and behavioral treatment: Confirmation from meta-analysis. *American Psychologist*, 48, 1181-1209.

Lord, C. G. , Ross, L. , & Lepper, M. R. (1979). Biased assimilation and attitude polarization: The effects of prior theories on subsequently considered evidence. *Journal of Personality and Social Psychology*, 37, 2098-2109.

Louis, T. A. , & Zelterman, D. (1994). Bayesian approaches to research synthesis. In H. Cooper & L. V. Hedges (Eds.), *The handbook of research synthesis.* New York: Russell Sage Foundation.

Mahoney, M. J. (1977). Publication prejudices: An experimental study of confirmatory bias in the peer review system. *Cognitive Therapy and Research*, 1, 161-175.

Mann, C. (1990). Mete-analysis into the breech. *Science*, 249, 476-480.

Mansfield, R. S. , & Bussey, T. V. (1977). Meta-analysis of research: A rejoinder to Glass. *Educational Researcher*, 6, 3.

Marsh, H. W. , & Ball, S. (1989). The peer review process used to evaluate manuscripts submitted to academic journals: Interjudgmental reliability. *Journal of Experimental Education*, 57, 151-170.

Matheson, D. , Bruce, R. , & Beauchamp, K. (1978). *Experimental psychology.* New York: Holt, Rinehart & Winston.

Matt, G. E. , & Cook, T. D. (1994). Threats to the validity of research synthesis. In H. Cooper & L. V. Hedges (Eds.), *The handbook of research synthesis.* New York: Russell Sage Foundation.

Menzel, H. (1966). Scientific communication: Five themes from sociology. *American Psychologist*, 21, 999-1004.

Miller, N. , Lee, J. Y. , & Carlson, M. (1991). The validity of inferential judgements when used in theory-testing meta-analysis. *Personality and Social Psychology Bulletin*, 17, 335-343.

Noether, G. (1971). *Introduction to statistics: A fresh approach*. Boston: Houghton Mifflin.

Normand, S. T. (1995). Meta-analysis software: A comparative review. *The American Statistician*, 49, 298-309.

Nunnally, J. (1960). The place of statistics in psychology. *Education and Psychological Measurement*, 20, 641-650.

Oaekes, M. (1986). *Statistical inference: A commentary for the social and behavioural sciences*. Chichester, UK: Wiley.

Olkin, I. (1990). History and goals. In K. Wachter & M. Straf (Eds.), *The future of meteanalysis*. New York: Russell Sage Foundation.

Ortwin, R. G. (1994). Evaluating coding decisions. In H. Cooper & L. V. Hedges (Eds.), *The handbook of research synthesis*. New York: Russell Sage Foundation.

Pearson, E. , & Hartley, H. (1966). *Biometrika tables for statisticans*, Vol. 1 (3rd ed.). Cambridge: Cambridge University Press.

Pearson, K. (1904). Report on certain enteric fever inoculation statistics. *British Medical Journal*, 3, 1243-1246.

Pearson, K. (1933). On a method of determining whether a sample of size *n* supposed to have been drawn from a parent population having a known probability integral has probably been drawn at random. *Biometrika*, 25, 379-410.

Peters, D. P. , & Ceci, S. J. (1982). Peer-review practices of psychological journals: The fate of published articles, sub-mitted again. *Behavioral and Brain Sciences*, 5, 187-255.

Pigott, T. D. (1994). Methods for handling missing data in research synthesis. In H. Cooper & L. V. Hedges (Eds.), *The handbook of research synthesis*. New York: Russell Sage Foundation.

Price, D. (1965). Networks of scientific papers. *Science*, 149, 510-515.

Raudenbush, S. W. (1994). Random effects models. In H. Cooper & L. V. Hedges (Eds.), *The handbook of research synthesis*. New York: Russell Sage Foundation.

Raudenbush, S. W. , Becker, B. J. , & Kalaian, H. (1988). Modeling multivariate effect sizes. *Psychological Bulletin*, 103, 111-120.

Randenbush, S. W. , & Bryk, A. S. (1985). Empirical Bayes meta-analysis. *Journal of Educational Statistics*, 10, 75-98.

Reed, J. G. , & Baxter, P. M. (1992). *Library use: A handbook for psychology* (2nd ed.). Washington, DC: American Psychological Association.

Report of the National Enquiry Into Scholarly Communication. (1979). Baltimore: Johns Hopkins University Press.

Rosenthal, R. (1978). How often are our numbers wrong? *American Psychologist*, 33, 1005-1008.

Rosenthal, R. (1979a). The "file drawer problem" and tolerance for null results. *Psychological Bulletin*, 86, 638-641.

Rosenthal, R. (1979b). Replications and their relative utility. *Replications in Social Psychology*, 1, 15-23.

Rosenthal, R. (1991). *Meta-analytic procedures for social research* (rev. edition). Newbury Park, CA: Sage.

Rosenthal, R. (1994). Parametric measures of effect. In H. Cooper & L. V. Hedges (Eds.), *The handbook of research synthesis*. New York: Russell Sage Foundation.

Rosenthal, R. (1995). Writing meta-analytic reviews. *Psychological Bulletin*, 118, 183- 192.

Rosenthal, R. , & Rubin, D. B. (1978). Interpersonal expectancy effects: The first 345 studies. *Behavioral and Brain Sciences*, 3, 377-386.

Rosenthal, R., & Rubin, D. (1982). Comparing effect sizes of independent studies. *Psychological Bulletin*, 92, 500-504.

Ross, L., & Lepper, M. R. (1980). The perseverance of beliefs: Empirical and normative considerations. *New Directions for Methodology of Social and Behavioral Science*, 4, 17-36.

Sacks, H. S., Berrier, J., Reitman, D., Ancona-Berk, V. A., & Chalmers, T. C. (1987). Mcta-analysis of randomized controlled trials. *New England Journal of Medicine*, 316, 450-455.

SAS Institute. (1992). *SAS user's guide: Statistics* (Version 6). Cary, NC: Author.

Scarr, S., & Weber, B. L. R. (1978). The reliability of reviews for the *American Psychologist*. *American Psychologist*, 33, 935.

Schauder, D. (1994). Electronic publishing of professional articles: Attitudes of academics and implication for the scholarly communication industry. *Journal of the American Society for Information Science*, 45, 73-100.

Schramm, C. M. (1989, March). *An examination of differential-photocopying*. Paper presented at the annual meeting of the American Educational Research Association, San Francisco.

Smith, M. L., & Glass, G. V. (1977). Meta-analysis of psychotherapy outcome studies. *American Psychologist*, 32, 752-760.

SPSS, Inc. (1990). *SPSS*. Chicago: Author.

Stoan, S. (1982). Computer searching: A primer for uninformed scholars. *Academe*, 68, 10-15.

Stock, W. A. (1994). Systematic coding for research synthesis. In H. Cooper & L. V. Hedges (Eds.), *The handbook of research synthesis*. New York: Russell Sage Foundation.

Stock, W. A., Okun, M. A., Hating, M. J., Miller, W., & Kinney, C. (1982). Rigor and data synthesis: A case study of reliability in meta-analysis. *Educational Researcher*, 11 (6), 10-14.

Stouffer, S. A., Suchman, E. A., DeVinney, L. C., Star, S. A., & Williams, R. M., Jr. (1949). *The American soldier, Vol. 1: Adjustment during army life*. Princeton, NJ: Princeton University Press.

Taveggia, T. C. (1974). Resolving research controversy through empirical cumulation. *Sociological Methods and Research*, 2, 395-407.

Walberg, H. J. (1986). Synthesis of research on teaching. In M. C. Wittrock (Ed.), *Handbook of research on teaching* (3rd ed.). New York: Macmillan.

Wang, M. C., & Bushman, B. J. (in press). *A step-by-step approach to using the SAS system for mete-analysis*. Cary. NC: SAS Institute.

Webb, E. J., Campbell, D. T., Schwartz, R. D., Sechrest, L., & Grove, J. B. (1981). *Nonreactive measures in the social sciences*. Boston: Houghton Mifflin.

Wehmeyer, L. B. (1995). *The educator's information highway*. Lancaster, PA: Technomics.

Whitehurst, G. J. (1984). Interrater agreement for journal manuscript reviews. *American Psychologist*, 39, 22-28.

Wortman, P. M. (1994). Judging research quality, In H. Cooper & L. V. Hedges (Eds.), *The handbook of research synthesis*. New York: Russell Sage Foundation.

Xhignesse, L. V., & Osgood, C. (1967). Bibliographical citation characteristics of the psychological journal network in 1950 and 1960. *American Psychologist*, 22, 779-791.

译 后 记

　　《如何做综述性研究》是用于指导研究人员做综述研究的指南。其作者哈里斯·库珀是美国密苏里大学(哥伦比亚分校)著名心理学教授和社会心理学项目带头人。

　　综述研究是针对某一方面的专题搜集大量信息资料后,经分析写成的一种学术论文,它是社会文献的一种。综述研究反映了当前某一领域中某分支学科或重要专题的最新进展、学术见解和建议,它往往能反映出有关问题的新动态、新趋势和新发展。综述研究的特点在于高度浓缩了几十篇甚至上百篇散乱无序的同类文献的成果、存在的问题或争论焦点,并对其进行归纳整理,使研究达到了条理化和系统化。它不仅为科研工作者完成科研工作的前期劳动节省了用于查阅分析文献的大量宝贵时间,而且还非常有助于科研人员借鉴他人成果、掌握最前沿的研究动态。

　　在本书中,库珀教授所论述的有关综述研究方法是对20年前所形成的方法体系的创新。这本书以一种客观、系统的研究方法代替了主观、简单叙述性的研究方法。通过阅读本书,读者们将学会怎样进行一种符合科学原理和准则的综述研究。本书所要达到的目的是形成这样一种综述研究:它可以被其他人重复使用,能够得到学者们一致认可,并在一个具有建设性的模式中聚焦争议。最重要的是,这种方法的使用者们在完成综述研究时,会感觉到他们的研究具有知识性,并相信进一步的基础研究会对该领域有所贡献。

　　在本书的翻译过程中,感谢中国人民大学黄刚博士、文雅博

士、徐建文博士、陈许亚博士,首都经济贸易大学王彦鹏博士,中国
青年政治学院硕士研究生王旭坤和杨峥威的帮助。另外中国人民
大学硕士研究生韩禄和崔蕾也参与了本书的校对工作,在此,向他
们表示感谢。特别感谢中国青年政治学院陆玉林教授对本书的翻
译提出的宝贵建议。衷心感谢重庆大学出版社雷少波先生为此书
的出版所付出的辛勤劳作。

　　翻译著作是一件难事,由于本书是一本方法指南,是一本工具
书,在翻译本书时,译者尽可能尊重作者的原意,但自知才识疏浅,
勉力而为,错谬之处还请学界同仁和读者们批评指正。

译者

万卷方法®

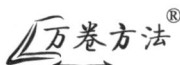

知识生产者的头脑工具箱

很多做研究、写论文的人，可能还没有意识到，他们从事的是一项特殊的生产活动。而这项生产活动，和其他的所有生产活动一样，可以借助工具来大大提高效率。

万卷方法是为辅助知识生产而存在的一套工具书。

这套书系中，

有的，介绍研究的技巧，如《会读才会写》《如何做好文献综述》《研究设计与写作指导》《质性研究编码手册》；

有的，演示 STATA、AMOS、SPSS、Mplus 等统计分析软件的操作与应用；

有的，专门讲解和梳理某一种具体研究方法，如量化民族志、倾向值匹配法、元分析、回归分析、扎根理论、现象学研究方法、参与观察法等；

还有，

《社会科学研究方法百科全书》《质性研究手册》《社会网络分析手册》等汇集方家之言，从历史演化的视角，系统化呈现社会科学研究方法的全面图景；

《社会研究方法》《管理学问卷调查研究方法》等用于不同学科的优秀方法教材；

《领悟方法》《社会学家的窍门》等反思研究方法隐蔽关窍的慧黠之作……

书，是人和人的相遇。

是读者和作者，通过书做跨越时空的对话。

也是读者和读者，通过推荐、共读、交流一本书，分享共识和成长。

万卷方法这样的工具书很难进入豆瓣、当当、京东等平台的读书榜单，也不容易成为热点和话题。很多写论文、做研究的人，面对茫茫书海，往往并不知道其中哪一本可以帮到自己。

因此，我们诚挚地期待，你在阅读本书之后，向合适的人推荐它，让更多需要的人早日得到它的帮助。

我们相信：

每一个人的意见和判断，都是有价值的。

我们为推荐人提供意见变现的途径，具体请扫描二维码，关注"重庆大学出版社万卷方法"微信公众号，发送"推荐员"，了解详细的活动方案。